성명례 대맥장의 우리 장 이야기
전통의
맥을
잇다

붉은 빛이 도는 짙은 갈색의 간장은 맛이 달고 감칠맛이 그윽하다. 명인의 간장은 유독 감칠맛이 좋다. 물의 결과 발효의 숨이 조화롭게 뒤섞인 맛의 숨결에서 뿜어내는 매력적인 감칠맛, 그것이 맥간장이다.

한국맥꾸룸은 '전통의 맥을 이어가는 꾸러미'라는 의미로 1989년 24개 항아리로 시작해
현재는 3000여 개 항아리에서 발효되는 장으로 우리나라 전통 장 문화의 맥을 이어가고 있다.
대한민국 식품명인 제45호-대맥장 성명례 명인과 딸 권혜나 전수자, 그리고 가족이
전통 방식으로 제조한 된장, 고추장, 간장, 청국장, 대맥장 등 장류 제품을
현대적인 패키지라인으로 관리해 국내를 넘어 해외로 수출하며 전통 장 문화의 확산을 이끌고 있다.

책에 소개된 한국맥꾸룸의 장을 이용한 레시피는
동영상으로도 볼 수 있다.

ⓒ 한국맥꾸룸

성명례 대맥장의 우리 장 이야기

전통의 맥을 잇다

성명례·권혜나 지음

여름을 지나는 서리태 콩밭은 온통 녹색천지다. 따갑고 쨍하거나 맑고 서늘한 계절을 지나며 알알이 꽉 찬 청송의 콩깍지는 한국맥꾸룸의 장에 시간의 풍요를 안겨 줄 것이다.

둥글납작한 메주는 서리태와 보리쌀을 넣어 볼품 없이 새까맣다. 오래된 배움으로 얻은 솜씨로 명인은 어우러짐과 나눔을 더해 진심을 빚는다. 사람의 정성과 자연의 기운을 담은 대맥장은 그렇게 발효를 시작한다.

항아리 안에는 모든 것이 담겨 있다. 둥글고 깊은 세상에는 시간, 계절 그리고 900번 이상의 손길이 16개월 동안 소용돌이 친다. 간절한 정성이 기다림을 완성하고 황금빛 장이 경이로운 자태를 드러낸다.

송주원의 기와 지붕 끝, 하얀 겨울이 따뜻하다. 송주원의 주인은 봄, 여름, 가을을 건너서 조용하게 불꽃처럼 번지는 발효와 숙성을 지켜본다. 서두르지 않고, 재촉하지 않으며 자연처럼 보듬으며 기다린다.

책을 펴내며

사람은 자신의 트라우마와 평생을 싸우며 더 나은 삶을 만들어 간다. 그리고 그 과정을 통해 무서운 것을 극복하는 방법을 찾아내고 새로운 목표를 갖게 된다.

나는 1948년 경남 산청 지리산 자락에서 10남매의 둘째로 태어났다. 얼마 후 6.25 전쟁이 일어났고 휴전직후 가난했던 한국의 기억이 지금도 선명하다. 이불이 없어 천조각 비슷한 것을 동생들과 겨우 덮어가며 잠들었고 먹을 것이 없어 아버지와 함께 산에 올라 두릅을 따고, 집으로 돌아오는 길에는 주먹밥을 먹겠다고 울고 불고 억지를 쓰던 시절이다. 기저귀랄 것도 없어 동생들을 업은 등짝에 뜨끈한 오줌을 그대로 느껴야 했던 어린시절이다. 생각해 보면 억척스럽게 살아온 내 인생이 모든 나날들을 극복하기 위해 살아온 결과물인 듯 하다.

장류 업체가 1000여 개가 넘고 내가 가진 익어가는 장항아리만 해도 3000여 개인데 그때 그 시절에는 단 한 숟가락까지 얼마나 아껴가며 먹었던가 기억이 새롭다.

먹을 것 입을 것이 풍족해진 지금도 난 홈쇼핑에 따뜻해 보이는 이불이 나오면 전화를 돌리고 싶은 마음을 꾹 눌러 참아내고 음식을 하면 지나치게 많이 만들어 곤란을 겪기도 한다. 어느새 40대가 된 딸래미 조차 그런 날 이해하기 힘들다며 고개를 절레절레 흔들 때는 '그래 너희는 모르지 그 추위를 그 배고픔을 그래 그래서 참 다행이다.' 하고 안도의 숨을 쉰다.

처음엔 먹을 것이라도 넉넉했으면 하는 마음으로 된장, 간장, 고추장을 담갔다. 시어머니와 남편과 함께 항아리 24개로 시작한 것이 이제 35년을 넘기고 있다. 그동안 얼마나 많은 항아리에 장을 담고 비워나갔는지 모른다. 매번 장을 담글 때마다 사람들이 이것을 다 사줄까 싶은 걱정을 하면서도 35년 넘게 한 해도 쉬지 않았다. 지금까지 장을 담근 항아리를 세어보면 못해도 3만 독은 훌쩍 넘을 것이다. 판매에 대한 막연한 염려 속에서도 멈추지 않고 장을 담글 수 있었던 것은 나의 땀과 노력을 알아주는 사람들이 있었기 때문이다. 그들 덕분에 나는 가난을 떨치고 자식 둘을 키우고 어느새 대한민국 식품명인으로까지 불리게 되었다.

한국맥꾸룸의 장맛을 알아주고 칭찬해주는 고객들에게 내가 할 수 있는 감사 인사는 항상 변함없는 장맛을 유지하는 것이었다. 이제 칠십을 넘기면서 내가 가진 한가지 재주인 장 담그는 법을 기록하고 다음 세대에 남길 수 있는 방법을 고심하게 됐다. 결국, 35년간 전통 장을 담가온 여러가지 경험을 나누고 매번 감탄을 숨기지 못했던 우리 음식문화의 우수함을 공유하기 위해 책을 내기로 했다.

전통 장은 농사와 닮았다. 자연의 시간과 사람의 정성이 조화롭게 어울려야 한다. 장을 담글 때는 원재료와 염도가 중요하고 발효와 숙성이 이루어지는 12~16개월 동안은 매일 부지런하게 돌보는 사람의 정성이 필요하다. 그러니 공장의 가공 장류보다 비쌀 수밖에 없다.

콩, 고춧가루, 소금, 물 등 원재료는 우리 땅에서 나고 자란 것이어야 한다. 염도는 정확하게 18% 이상을 맞춰야 깊고 풍부한 감칠맛을 얻을 수 있다. 재래식 장은 저장성에 초점을 맞춰 짜게 담았지만 현대에는 음식문화가 반영되면서 짠맛은 조금 줄고 감칠맛은 더해졌다. 그래도 전통 장은 자연발효에 알맞은 염도를 맞춰야 하기 때문에 자연스럽게 공장에서 생산되는 장에 비해 상대적으로 짠맛이 더하다. 그러니 요리를 할 때는 전통 장의 짭짤한 간을 고려해 분량을 조절해야 맛있는 요리를 만들 수 있다.

이 책에는 전통 장과 한국맥꾸룸에 대한 이야기, 그리고 전통 장으로 만드는 여러 음식을 함께 담았다. 이 책을 통해 더 많은 사람이 전통 장을 다양하고 맛있게 즐길 수 있기를 진심으로 기원한다. 그것이 전통 장이 오랜시간 맥을 이어갈 수 있는 길이라는 것이 나의 생각이다.

2023년 10월

청송 송주원에서 성명례

CONTENTS

책을 펴내며_14

봄, 여름, 가을 그리고 겨울, 장이 익어가는 시간_22

Chapter 1_성명례의 이야기
나의 삶, 나의 장 이야기

안동 김씨 사대부가를 친정으로 둔 시어머니의 장독대_32

그해 봄날, 된장 독립선언서_36

맥된장, 국내 최고 백화점에 가다_40

대맥장으로 대한민국 식품명인이 되다_44

딸과 함께 전통 장의 미래를 이야기하다_50

Chapter 2_권혜나의 이야기
한국맥꾸룸의 기억, 그리고 기록

한국맥꾸룸의 시작, 지키고 싶은 우리 장 문화_62
콩·물·소금·항아리의 협연으로 맛의 맥을 잇다_72
발효와 숙성을 기다리는 공간, 장항아리 하우스_78
전시와 체험으로 함께 즐기는 장 문화, 송주원_80
한국맥꾸룸이 꿈꾸는 전통 장의 새로운 변주_88

CONTENTS

Chapter 3
명인의 장, 맛있는 요리가 되다

장 요리를 시작하기 전에_99

발효와 숙성의 화룡점정 맥된장_101

맥된장 만들기_104
꽃게된장찌개_106
냉이된장찌개_108
시래기된장찌개_110
갈비살감자된장찌개_112
감자탕_114
된장볶음면_116
된장스테이크_118
된장수육_120
맛된장_122

짠맛 뒤의 은근한 단맛 맥간장_125

맥간장 만들기_129
콩나물무침_130
청양고추깻잎절임_132
전복미역국_134
도라지오이무침_136
새우마늘쫑볶음_138
육개장_140
소불고기_142
황태콩나물국_144
소고기무국_146
오이미역냉국_148
무말랭이무침_150

쫀득하게 매콤한 맥찹쌀고추장_153

맥찹쌀고추장 만들기_155	제육볶음_164
더덕구이_156	고추장찌개_166
소고기볶음고추장_158	비빔장, 초장_168
오징어볶음_160	명란젓갈양념장_170
닭불고기_162	닭볶음탕_172

알알이 살아있는 국내산 햇콩, 구수한 맛의 맥청국장_175

청국장 만들기_177	얼갈이청국장찌개_182
해물청국장찌개_178	청국장청양고추달걀전_184
돼지고기김치청국장찌개_180	소고기청국된장찌개_186

검은콩과 햇보리로 만드는 여름장, 대맥장_189

대맥장 만들기_191	대맥장쌈장_192

에필로그_194   찾아보기_198

봄, 여름, 가을 그리고 겨울
장이 익어가는 시간

내가 처음 시어머니와 함께 24개의 항아리로 장을 담그기 시작할 때만 해도 봄, 여름, 가을, 겨울 계절은 시간표처럼 해야할 일을 부여했다. 3000여 개의 항아리가 온·습도가 조절되고 벌레로부터 안전한 5중 하우스에서 느긋하게 발효와 숙성이 되는 지금도 계절을 나침반 삼아 장을 담근다. 지금은 더 자주 장을 담지만 그렇다고 크게 달라진 것은 없다.

메주와 함께 가을을 지나 겨울로

코끝에 시린 바람이 묻어나고 하얀 서리가 내리기 시작할 때쯤 우리는 장 담글 준비를 한다. 10월 상강(霜降) 무렵이다. 마을의 안쪽 산과 더 가까운 콩밭에서는 갈색의 콩깍지들을 매단 콩이 수확된다. 콩깍지가 벗겨지고 콩알이 또랑또랑 잘 마르는 11월 중순이 넘으면 콩을 들인다. 드디어 메주를 만들 콩이 한국맥꾸룸 안으로 들어오는 것이다. 크기가 고르고 색이 연한 황색을 띠는 콩이 좋은 콩이다.

입동(立冬)이 되면 골라놓은 콩을 씻어 불려 무르게 삶는다. 구수한 콩 냄새와 하얀 김이 차가운 겨울 하늘로 길게 뻗어가다 집 주변을 휘돌아 나간다. 배고픈 어린 시절을 떠올리게 하는 따뜻하고 배부른 시간이다. 잘 삶아진 콩을 메주로 만드는 날은 김장날 같다. 깨끗하게 묶어놓았던 볏짚이 펼쳐지고 수백 개의 메주가 빚어져 놓이는 풍경은 신성하기까지 하다. 메주를 말리고 띄우는 일은 사람보다 청송의 맑은 바람과 햇볕의 몫이다. 지금은 발효실에서 이 모든 과정이 이루어지지만 매일매일 메주를 살펴보며 기다리는 것은 똑같다. 장 만드는 일은 기다림의 시간이다. 4~5주가 지나면 메주의 표면에서 하얗거나 노랗게 곰팡이가 피어난다. 황토 흙에 내린 눈꽃, 바로 곰팡이 꽃이다. 장 만드는 사람에게 이보다 곱고 아름다운 꽃은 없다.

곰팡이 꽃이 피면 이제 사람과 메주는 봄을 기다린다. 자연의 시간이 정해 놓은 수순대로 사람과 미생물이 스스로의 일을 찾아서 하는 것이다.

사과꽃 향기 흩날리며 봄에서 여름으로

봄의 문, 입춘(立春)을 앞두었지만 살갗이 오독오독할 정도로 매운 바람이 부는 음력 정월에 장을 담근다. 장 담그는 날은 보통의 날이 아니라 연중 가장 중요한 집안의 행사다. 해에 따라 다르지만 장 담그는 날은 원래 음력 정월 말(馬)날인 오일(午日)로 정한다. 민속신앙적인 요소와 계절의 특징이 함께 담긴 날짜다. 요즘은 말(馬)날이니 음력 정월이니 하는 단어가 낯설지만 50년 전만 해도 당연한 과정이다.

잘 띄워진 메주를 항아리의 75~80%까지 채워넣고 소금물을 붓는다. 소금물은 2년 이상 간수를 뺀 천일염에 청송의 맑은 물이 섞여 짭짤하면서 달다. 메주에 소금물이 스미고 천천히 숙성이 시작된다. 그렇게 봄이 지나간다. 발효와 숙성은 자연의 시간에 맡기고 사람은 부지런히 돕는다. 매일매일 항아리를 보듬어 장을 살피고 광목 덮개를 열어 딱 알맞은 만큼의 햇볕과 바람을 쏘이게 한다. 나머지 모든 날의 햇살과 바람은 항아리를 통해 장으로 스며든다.

항아리 주변으로는 봄꽃이 찬란하다. 소박하고 은근한 사과꽃 향기와 송화가루 향기로 에워싸인 항아리 안에서 메주와 소금물은 장이 되어 간다.

봄은 사과꽃을 따는 사람들과 함께 지나가고 점점 뜨거워지는 햇살은 여름을 재촉한다.

봄이 끝나갈 무렵 지난해 담근 된장과 고추장, 간장의 맛을 본다. 된장항아리 뚜껑을 열면

봄날 저녁 노을빛으로 물든 황금빛 된장이 어두운 항아리 안에 담겨 있다. 고추장항아리에는 붉은 빛의 찹쌀고추장이 먹음직스럽다. 간장은 검정과 갈색이 투명하게 빛난다. 미소가 감돈다. "이만하면 되었다". 무언의 허락이 떨어지면 그때부터 한국맥꾸룸의 장들은 항아리에서 퍼올려 진다. 한여름이 시작되기 전이다.

여름에서 가을로 구름처럼 피어오르는 곰팡이 꽃

주왕산의 나무들이 주산지를 초록으로 물들이는 여름이면 항아리에서는 장이 숙성되는 소리가 들린다. 끓어오르는 소리다. 장물이 광목 덮개 위로 배어 나오면 덮개를 갈아주면서도 흐뭇하다. 숙성이 잘 되고 있다는 증거이기 때문이다. 쨍쨍한 햇볕이 항아리를 달구고 그 따뜻함에 발효가 되기 때문에 장마 전에 된장은 그대로 두고 간장만 뜬다. 소금물과 메주가 숙성되며 만들어진 연한 갈색의 간장을 덜어내 은근하게 달인 후 항아리에 따로 담는다. 간장은 햇간장만 따로 숙성하기도 하고 작년과 여러해 전에 담근 간장과 섞이며 더불어 숙성하기도 하며 맛이 깊어진다.

간장을 딜어낸 된징에는 다시 메주를 채워 넣는다. 겹된장을 만들기 위해서다. 원래 겹장은 간장의 색과 맛을 유지하기 위해 씨간장에 햇간장을 더하는 '덧장'의 의미다. 한국맥꾸룸의 겹된장은 간장을 적당하게 떠낸 된장에 감칠맛과 영양분을 더하기 위해 메주와 소금물을 추가하고 발효와 숙성의 시간을 더 갖는 것이다. 간장을 뜨기 전의 4~6개월과 원래 보내야 할 숙성기간인 12개월을 더해 16개월 이상을 보내야 비로소 겹된장이 완성된다.

여름은 바쁘다. 수백 개 항아리를 일일이 열고 된장과 고추장에 구름처럼 피어오른 곰팡이

꽃을 정성껏 꾹꾹 눌러주어야 한다. 자연발효를 돕기 위한 작업인데 온전히 수작업이라 긴 여름 낮이 짧다. 청송의 깨끗한 자연 덕에 거침없이 돌아다니는 거미와 나방 같은 곤충의 침입을 막는 것 역시 일일이 사람의 손이 닿아야 한다. 장을 만드는 데는 900번 이상의 손길이 있어야 한다는 옛말에 백번 공감하는 이유다. 장은 처음 담글 때만큼이나 봄, 여름 내내 발효와 숙성이 제대로 이루어지도록 살피고 관리하는 일이 중요하다. 뜨겁고 습한 여름 동안 자연의 시간과 사람의 정성으로 장의 맛은 깊어진다.

뜨거운 햇살이 잦아들고 여름내 무성한 초록색 콩잎들이 떨어지며 콩깍지들이 바삭해질 무렵 한국맥꾸룸은 가을을 맞이한다.

가을에서 다시 겨울로

다시 오는 가을, 매년 담는 장맛처럼 다시 맞은 가을은 새롭고 설렌다. 나는 콩의 품질, 햇볕과 바람, 새로 들여온 항아리와 처음 장을 배우는 직원을 바라보며 작년과는 또다른 가을을 맞는다. 35년, 모든 계절을 장과 함께 보냈다. 이제 장과의 계절을 나보다 더 오랜 시간 보내야 할 이는 전수자인 딸이 될 것이다. 끝이 보일듯 말듯 기다랗게 늘어선 항아리들을 바라본다. 아이보다 더 소중하게 다뤄온 장과 장을 물려받을 딸의 모습이 눈에 들어온다. 딸의 아이, 그리고 그 아이의 아이가 한국맥꾸룸의 장맛을 이어가기를 바라지만 아마 그것도 욕심일 것이다. 장을 만드는 일은 앞으로도 계속 고난의 길이 될 것임을 알기 때문이다.

Chapter 1

나의 삶,
나의 장
이야기

_성명례의 이야기

안동 김씨 사대부가를 친정으로 둔 시어머니의 장독대

나의 고향은 경남 산청이고 남편은 안동 권씨 집안 사람으로 청송이 고향이다. 한국맥꾸룸의 장은 안동이 고향인 시어머니와 함께 시작했다.

시어머니는 당시 세도가 집안이었던 안동 김씨 가문의 자손으로 부족함 없이 어린 시절을 보냈다. 그런데도 오그락지(무말랭이의 경상도 방언)며 안동식혜를 솜씨 좋게 담을 만큼 손맛이 야무지고 팔순이 넘을 때까지도 동백기름 바른 머리를 곱게 빗고 금비녀를 기품 있게 꽂을 만큼 자부심이 넘쳤다. 게다가 청송의 안동 권씨 집안으로 시집 와서 젊은 나이에 남편을 잃고 2남 5녀를 홀로 키워낸 강단 있는 분이었다. 시어머니가 청송의 우리 집에서 함께 지내게 된 것도 온전히 시어머니의 뜻이었다. 100세에 돌아가시기 전까지 35년을 나는 시어머니와 그렇게 함께 장을 담갔다.

시어머니의 장 이야기

시어머니의 장항아리는 이제 몇 개 남아있지 않다. 우리가 고심해서 들여왔던 초기의 항아리들 역시 오랜 시간 장을 담그면서 햇볕과 바람에 금이 가고 깨졌다. 시어머니의 그 항아리들을 잊지 않기 위해 깨진 부분을 철사로 동여매 한국맥꾸룸의 상항아리 하우스에 보관하고 있다. 그 항아리들과 항아리 속 장을 통해 나는 시어머니를 추억한다.

시어머니는 자주 '내가 너한테 배운다'라며 나의 고심과 의견을 놀라워했고, 나는 '그런 방법이 있었군요'라며 시어머니의 경험과 기억을 겸허하게 받아들였다. 그래서 시어머니는 친구이자 동료이며 스승이었다. 항아리를 사고 콩을 삶아 메주를 만들고 장맛을 함께 보며 이야기를 나누는 시간은 우리에게 가장 행복한 시간이었다.

나와 시어머니는
가장 친한 동료이자, 파트너이며
안동 권씨 집안의 장맛을
내림한 며느리들이다.

예나 지금이나 시어머니와 며느리는 어려운 관계다. 때때로 서운하기도 하고, 서로의 고집을 세우며 대립하기도 한다. 그런데 장을 만들때 만큼은 달랐다. 항아리에서 퍼올린 장을 맛보며 짜고 달고 매운 맛을 가늠하고 내가 잊은 것은 시어머니가, 시어머니가 잊은 것은 내가 되살려 주면서 제조법과 맛을 끊임없이 진화시켜 나갔다.

　장을 담그는 햇수가 많아지고 전통 장에 대한 이해가 깊어지면서 그동안 잘못 알려진 장 담그는 법의 오류도 하나씩 잡아나갔다. 장에 대해서 나는 시어머니와 쉼 없이 소통했다. 장 이야기는 그 어렵다는 고부간에도 가장 중요하고 친밀한 '대화'였다.

　옛 어른들은 해가 날 때마다 장독 뚜껑을 여는데 이유를 물어보면 곰팡이를 없애기 위해서란다. 발효와 숙성의 주인공이 곰팡이인데 곰팡이를 없애기 위해 항아리 뚜껑을 열어 놓는다는 것은 어불성설이다. 염도 역시 마찬가지다. 시어머니와 함께 만들기 시작한 장은 염도가 20%를 넘었다. 재래장의 맛을 최대한 따른 것인데 당시엔 그것이 통했다. 그런데 그 맛이 계속될 수 있을까 의문이 들었다. 현대적인 식품과 음식을 끊임없이 접하면서 장뿐만 아니라 장으로 만드는 음식에도 초점을 맞춰야 한다고 생각했다. 그렇게 된장, 간장, 고추장, 청국장, 대맥장까지 시어머니와 함께 연구하고 고민하면서 한국맥꾸룸만의 맛의 기준을 세워 나갔다.

　대맥장 식품명인으로 지정되고 나서 돌아가신 시어머니가 생각나서 한참을 울었다. 당신과 함께 만들던 장을 이제 국가에서 인정해 주었다고, 장을 함께 만들어 주신 덕분에 이렇게 큰 명예를 얻게 되었다고, 함께 장을 만들던 때가 정말 그립다고 말씀드리고 같이 축하하고 싶은데 너무 늦어버린 시간이 야속하다.

시어머니와 나는 장맛 취향이 맞는
사제지간이자 동료이며 단짝 친구다.
메주를 함께 만들고 항아리 속 장을 살피며
장에 대한 끝나지 않을 대화를 이어가는 동안이
우리 고부간의 가장 행복한 시간이다.

그해 봄날,
된장 독립선언서

　오랜 시간 10남매의 맏이 역할을 했던 때문인지 나는 어려운 일을 다른 사람에게 미뤄본 적이 없다. 일을 대신할 사람이 없다는 것이 더 적절한 말이려나. 이런 경향은 결혼 이후에도 크게 변하지 않았다. 여성 사업가로 경제적으로 불안하지 않게 생활하던 시절에 시어머니에게 처음 장을 만들자고 이야기 했을 때 시어머니는 당황하셨다. 집에서 누구나 담그는 장을 어떻게 팔아서 생활을 하겠다는 것인지 이해하지 못하겠다는 것이다. 맞는 말씀이었다. 1980년대에 장을 사서 먹는다는 것은 물을 사서 먹는다는 이야기와 같은 맥락이었으니 시어머니의 놀라움은 어쩌면 당연한 것이었다. 그러나 나는 확신했다. 아파트 생활을 시작한 주부들이 그 안에서 장을 담그는 게 쉽지 않다는 것을 직접 경험하고 있었기 때문이다.
　당시엔 불가능한 허상처럼 보였지만 2023년 현재 물과 된장을 사서 먹는 것은 일상이 됐으니 참 놀라운 변화라고 할 수 있겠다.

시행착오를 겪으며 깨달은 지식

　나는 시어머니와 장을 만들면서 시행착오도 겪었지만 그만큼 새롭게 배운 것이 많았다. 염도가 17% 이하로 떨어지면 장이 못 쓰게 된다는 것, 항아리 뚜껑을 자주 열어 햇볕을 쬐면 수분이 증발해 더 짜고 더 까만 된장과 고추장이 된다는 것, 오래 묵은 된장은 맛이 깊어지기보다 쓰고 시금털털해지기 때문에 매년 새장을 더해야 한다는 것 등이다. 시어머니 세대까지 오랜 세월동안 진리로 생각했던 몇몇 과정들이 실제로는 정보 부족으로 생긴 오해라는 것도 알았다. 실제로 장맛이 좋은 집은 장독 위에 짚으로 움막을 지어 올렸다. 온도와 습도를 조절하면서 강하게 내리쬐는 햇볕에 수증기가 증발해 장맛이 짜지는 것을 방지하려는 목적이다.

이런 원리를 고려해 여름엔 항아리 위에 비닐을 덮어서 장물이 증발하는 것을 막았다. 미생물의 활동량에 따라 염도가 갑자기 올라갈 때는 삶은 콩을 더해 맛을 조정해야 한다. 우리 몸에 가장 좋은 자연발효를 지켜내는 것이 이렇게나 많은 손이 간다.

예전에는 정확하게 계량을 하기보다 습관과 입맛으로 음식을 만들었다. 대대로 내려오는 음식이 재료와 맛, 만드는 방법이 처음부터 끝까지 똑같지 않은 이유다. 게다가 시대에 따라 재료가 다르고 날씨가 다르고 입맛이 다르니 결국 전통을 잇는다는 것은 철학은 같이 하되, 방법은 진화하는 것이 맞는 과정이다. 시어머니의 장에 대한 기억과 내가 생각하는 장맛의 간극을 채워가는 과정 역시 전통을 현대에 이어가는 많은 사람이 거쳐온 과정이었을 것이다.

장을 담가 판매할 때까지 1년 넘는 기간 동안 나는 장의 제조법과 맛, 색을 개선하기 위한 작업에 골몰했다. 장에 대해 집중할 수록 건강하고 맛있는 장에 대한 고집이랄지, 의지랄지가 더욱 확고해졌다. 편리성이야 기본이고, 소비자가 스스로 만들어 먹는 것보다 맛과 색에서 만족도가 높다고 느껴야 했다. 안동 권씨 집안의 제조법, 안동 김씨 집안의 장맛, 그리고 내가 생각하는 장맛을 더해 최고의 상품성을 만드는 것이 나의 제 1의 소망이자 목표였다.

시어머니는 입맛이 예민하고 섬세했지만 나와는 세대차이가 존재했다. 가장 큰 차이가 염도와 색이다. 장은 '사람을 위한' 음식이라는 나의 철학은 시어머니의 가치와 다르지 않다. 그러나 이미 지나온 시대의 입맛을 쫓는다면 전통 장의 미래는 밝지 않다. 전통 장맛은 기록과 전승을 통해 남기고 현재의 장맛은 현 시대 사람들의 입맛에, 그리고 다음 세대의 장맛은 또 전수자가 맞춰가야 비로소 전통 장, 한국맥꾸룸의 미래가 지속될 것이라고 믿는다.

맥된장,
국내 최고 백화점에 가다

맥(脈) 브랜드를 만들고 나서 판로개척의 필요성은 보다 더 절실해졌다. 아파트 부녀회를 넘어서는 무엇인가가 필요했다. 가장 먼저 눈에 띈 것이 백화점이다. 된장과 간장을 들고 서울에서 유명한 백화점 3곳을 찾았다. 롯데, 현대, 신세계 백화점이다. 당시 이들 백화점들은 문화센터를 운영하기 시작했고 수강생들은 바로 한국맥꾸룸의 주요 고객인 아파트 거주자들이었다. 게다가 백화점이 시장 확장을 위해 제품과 서비스, 유통 등에서 다양한 시도를 할 때다. 그런 상황에서 만난 백화점 상품 기획을 담당하는 MD는 난색을 표했다. 된장이나 간장을 누가 사서 먹느냐는 것이다. 요즘이야 장을 사 먹는 것이 일상이지만 당시만 해도 장은 집에서 담가 먹는 것이지 시장에서 사먹는 것이 아니었다. 게다가 백화점이라니. 담당자는 고개를 저었다. 그를 설득하기 위해서는 미사여구가 아니라 진심이 필요하다고 생각했다.

부녀회에서 백화점으로 새로운 길을 찾다

"아파트에 거주하시나요? 어머니가 집에서 장을 만들어 드시나요? 저도 아파트에 살았지만 장을 만들어 먹는 것은 정말 불가능에 가깝답니다. 이제 아파트가 더 많이 지어지고 거주자가 늘어나면 된장, 간장을 담기보다 구할 수 있는 방법을 찾게 될 거예요. 한국맥꾸룸의 장류는 이미 이 지역 아파트 부녀회를 통해 인정받은 맛입니다. 믿고 먹을 수 있는 된장, 간장을 구입하려는 사람들이 반드시 백화점을 방문해 우리 장을 찾을 것이라고 저는 확신합니다."

담백하게 이어간 이야기에 백화점 담당자는 생각이 깊어지는 듯 하더니 마침내 제품을 진열해 보자고 했다. 나는 장류를 대량으로 구입하던 아파트 부녀회에 가서 백화점에 가면 한국맥꾸룸의 간장과 된장이 있을 것이라고 알렸다. 그리고 이후 벌어진 일들은 내 평생 가장 신기한

우리가 걸어온 길은 한국맥꾸룸이 지나온 시간이다.
때때로 위태롭고 때때로 주저앉고 싶은 순간이 있었지만
장과 함께 해 온 35년의 봄, 여름, 가을, 겨울을
한번도 후회해 본 적은 없다.

경험 중 하나로 남아있다. 한국맥꾸룸의 간장, 된장을 찾아 부녀회 회원들이 백화점으로 몰려갔다. 말 그대로 당시엔 '사건'이었다. 백화점의 VIP 고객들이 된장, 간장을 쇼핑하는 것을 보고 백화점 역시 놀라기는 마찬가지였다. 쇼핑 카트에 한국맥꾸룸 장류가 들어있는 지 여부에 따라 백화점 VIP를 구분한다는 우스갯 소리가 있을 정도였다. 실제로 아파트 부녀회를 거쳐 장을 구입했던 사람들이 백화점에 가서 한국맥꾸룸을 살 수 있는지 물어봤다고 한다. 매일 수백 km를 오가며 우리 제품의 이미지를 차근차근 쌓아온 덕이었다.

　한국맥꾸룸은 그렇게 백화점에 진출했다. 백화점과의 인연은 그 후 20년 동안 계속됐고 지금 역시 가장 큰 판매처 중 하나로 자리잡았다. 장류 구매자는 꾸준하게 늘어났고 2000년대 들어서는 대기업이 장류사업에 진출하면서 시장규모가 급속도로 커졌다. 당시 기업형 된장은 일본식 된장이 많아서 한국맥꾸룸과는 조금 다른 길을 걷고 있었지만, 2010년 중반에 '한식된장'이 대량생산되면서 경쟁은 더욱 치열해졌다.

　당시에도 한국맥꾸룸의 장류는 대기업의 장류 제품보다 5~6배는 비싼 프리미엄 제품이었다. 모든 재료를 국내산으로 만들고 최대 16개월 이상 소요되는 생산기간을 고려했을 때 결코 비싼 가격이 아니었다. 그러나 역시 경쟁은 경쟁이다. 소비자는 선택권이 많아졌고 시장 역시 나뉠 수 밖에 없었다. 백화점 보다 더 크고 탄탄한 시장을 보아야 할 때가 도래한 것이다. 2008년부터 국내 식품대전에 부스를 배정받아 참여하고 딸이자 전수자에게 해외시장 개척이라는 무거운 짐을 지게 한 것 역시 모두 더 큰 시장, 더 많은 소비자에게 한국맥꾸룸을 알리기 위한 것이다. 이제, 한국맥꾸룸은 백화점을 넘어 세계를 향해 새로운 항해를 시작하게 된 것이다.

대맥장으로
대한민국 식품명인이 되다

나는 2012년 대맥장으로 대한민국 식품명인이 됐다. 국가가 지정하는 관련분야 최고의 기능장이다. 20년 이상 한 분야의 식품에 정진하거나 전통방식을 원형대로 보존·실현하거나 명인에게 전수교육을 받고 10년 이상 그 업에 종사한 경우 엄격한 심사 기준을 거쳐 명인으로 지정된다. 글자만으로 이해하기엔 무거운 자리다.

시행착오를 거쳐 전통 조리법을 되살리다

내가 가장 잘 만드는 겹된장으로 명인 지정을 받는 것이 순리라고 생각했지만 심사위원들은 재료, 담그는 시기, 지역성, 제조법 등 보다 구체적인 과정상의 '다름'을 요구했다. 내가 만드는 겹된장은 간장을 분리한 후 메주를 더해 구수한 맛을 높이고 숙성기간을 늘려 맛이 깊지만 전통적으로 내려오는 '된장 제조법'에서 크게 벗어나지 않는다. 게다가 전통 장을 사업화한 부분도 고려 대상이 됐다.

그때 시어머니가 말씀하셨던 장 이야기가 떠올랐다. 시어머니 친정에서 담곤했다던 여러 별미장, 속성장이다. 속성장은 보리, 메밀 등 콩 이외의 재료를 이용해 빠르게 숙성시켜 먹는 장이다. 그 중 특히 나의 관심을 끈 것이 대맥장이다. 대맥장은 검은콩으로 만들어 색이 까맣고 새콤하면서 구수한 맛이 독특하고 매력적이다. 잊혀져 사장되기 보다 다음 세대까지 이어지면 좋겠다고 생각해서 시어머니의 기억을 소환해 대맥장을 담그려고 했지만 여러 번 실패했다. 맛에 대한 기억이 정확하지 않아서 매번 한계에 부딪쳤기 때문이다. 그래서 '조선무쌍신식요리제법(朝鮮無雙新式料理製法)' 등 문헌을 찾아보고 동시에 시어머니의 기억을 되살리며 끊임없이 시도했다. 그러다 시어머니가 '당신이 아는 그 맛'이라고 하는 단계에 도달했다.

전통 장을 고집스럽게 지켜온 결과
2012년 식품명인 지정,
농식품가공산업유공자 대통령상 수상
(2006), 대한장류조합 표창(2008),
경북 우수농산물 명품화 선정(2010, 경북),
경북 전통발효식품 품평회 우수상(2015)
등 수 많은 상을 받았다.

결국, 대맥장은 재료와 담는 시기, 제조법, 맛과 색에서 모두 엄격한 심사기준을 통과했고 나는 '대맥장 식품명인'이라는 이름을 갖게 됐다.

대맥장의 제조법은 일반 된장과 여러 부분에서 다르다. 볶아서 삶은 검은콩에 보리쌀을 빻아 섞고 반죽해 손바닥만한 크기로 둥글납작한 메주를 빚는다. 메주는 닥나무 잎 2~3개로 싸서 바람이 잘 통하는 채반에 올려 발효시키고 곰팡이가 피어오르면 닥나무 잎을 떼낸다. 대맥장용 메주는 염도가 낮고 담그는 시기의 날씨가 따뜻해서 밖에 내놓으면 금방 하얗거나 노란 곰팡이가 피어오른다. 잘 띄워진 메주를 항아리에 넣고 17~18% 염도의 소금물을 부어 잘 익혀서 먹는다. 복잡한 듯 보이는 이 과정을 모두 거쳐 먹을 때까지 걸리는 기간이 한달 안팎으로 1, 2차 숙성 기간이 12~18개월인 겹된장에 비해 턱 없이 짧다.

대맥장은 정월부터 삼월 삼짇날까지 담는 일반장과 달리 5월말이나 6월초에 담가 먹는다. 지난해 담근 장이 떨어지고 새로 담근 장이 익지 않은, 정말 장이 꼭 필요한 시기에 담근다. 대맥장은 열을 가하지 않고 장 그대로 양념을 만들어 비벼 먹거나 무쳐먹을 수 있으니 여름장으로 제격이다. 춘궁기에 속했던 5~6월에 속성장을 담그는 것 자체가 일반 가정에서는 보기 드물다. 수없이 드나드는 식객을 대접해야 했던 사대부 양반가였기에 가능한 장이지 싶다. 그래도 장을 담가서 배고픈 시기 이웃과 나눠 먹었다고 하니 그대로도 훌륭한 역할을 한 셈이다. 이렇게 훌륭한 장이기에 나는 대맥장으로 식품명인이 된 것에 자부심을 느끼고 있다. 물론 식품명인으로 지정되고 나서도 전통을 지키며 정성껏 장을 만들고 좋은 장을 사람들과 나누는 일상은 변함이 없다. 다만 딸에게 전수자로서 한국맥꾸룸을 지켜야할 명분 혹은 책임감을 심어주는 데는 도움이 됐다.

사실 식품명인 지정은 전수자인 딸의 역할이 컸다. 대맥장의 비법을 함께 연구하고 수십 번의 시행착오 끝에 제대로 재현해 내고 까다로운 서류작업을 진행하며 꼼꼼하게 각각의 과정들을 확인해 주지 않았다면 대맥장은 그대로 나와 시어머니의 기억속에 사장됐을 지 모른다. 나 역시 대맥장을 재현하면서 머리와 손으로는 수백 번이라도 설명하고 만들 수 있는데 문서화 작업은 또 다른 문제라는 것을 절감했다. 결국 내가 이야기 하는 것을 딸이 일일이 받아 쓰고 빠진 부분들을 서로 나누고 수정해서 문서화한 후에야 가능했다. 고된 작업이었지만 대맥장이 딸을 통해 더 먼 후세에까지 이어질 수 있게 된 것만으로도 만족했다. 또 하나의 전통장류가 다음 세대로 이어지는 것이 아닌가.

나는 대맥장을 만드는 것 뿐아니라 알리기 위한 노력도 반드시 필요하다고 생각했다. 존재 자체만으로 귀중한 것임에는 틀림 없지만 많은 사람이 함께 즐겨야 비로소 진정한 의미의 '장 문화'가 만들어 진다는 것이 나의 생각이었기 때문이다. 그래서 한국맥꾸룸의 장류 선물세트에 서비스로 넣기도 하고 사람들을 모아 체험 프로그램을 진행하기도 했다. 일반 소비자들은 대맥장 특유의 짭조름하면서 시고 달고 구수한 맛과 된장보다 짙은 색, 수분이 높아 다소 질척한 질감 등 모든 면에서 낯설어 익숙해지기 어렵다는 반응이었다. 식품명인이 되고 10여 년간 대맥장을 매년 만들고 있지만 매번 고민이 깊다. 보리쌀의 양을 늘려 색을 옅게도 해보고, 소금물의 양을 적게 해 되직하게도 만들어 본다. 대맥장 역시 다음 세대로 넘어가기 위해서는 전통을 지키되 시대의 맛과 문화를 담아야 한다. 그런데 그것이 쉽지 않다. 딸이자 전수자와 함께 대맥장을 이용한 레시피를 개발하고 전문 셰프와 협업을 계획하는 등 가능한 방법을 모색하고 있지만 갈 길은 멀기만 하다. 전통의 맥을 잇는다는 것은 생각보다 고된 일이다.

딸과 함께
전통 장의 미래를 이야기하다

전수자이면서 딸인 권혜나 실장은 사실 나에게는 가장 미안하고 고마운 존재다. 나의 심중을 가장 잘 알기에 나의 생각을 실제와 몽상으로 나눌 수 있는 능력을 갖고 있다. 딸이 나의 아이디어를 정확하게 이해하고 그에 대한 논점, 장단점, 프로세스를 구체화 시켜야 비로소 현실화 된다. 그래서 나의 입에는 '권 실장'이 습관처럼 붙어있다.

국제식품박람회에 참가한 한국맥꾸룸

한국맥꾸룸의 미래를 위해 국내뿐 아니라 해외까지 유통 및 마케팅, 영업방식을 확장하고 커뮤니케이션을 집약해 경영의 효율화를 이끌어내야 한다는 것을 절감했을 때 가장 먼저 떠오른 사람이 딸이다. 전통 장의 제조, 유통, 경영 등 모든 부분에서 딸이 함께 구심점을 잡아주었으면 싶었다. 우리의 '필요'는 절실했고 기대 역시 어긋나지 않았다. 전통 장에 대한 철학, 일에 대한 열정, 꼼꼼한 기획력과 대범한 결정력, 물불을 가리지 않는 성실함과 사람과의 소통에 뛰어난 능력을 갖췄다고 생각했다. 내가 얼마나 어렵게 장을 담그는 가를 어릴때부터 보고 자란 딸이 망설이는 것을 나는 당연하게 받아들였다.

"엄마를 바라보며 살아온 시간동안 전통 장을 지키는 일은 누군가는 반드시 해야 할 일이라고 생각했어요. 다만, 그것이 내가 되어야 한다고는 생각하고 싶지 않았어요. 전통 장과 함께 하는 것은 정말 힘들고 외로운 길이고 사명감 같은 공적인 책임감이 필요하다는 걸 어렴풋이 알고 있었거든요."

딸이 전수자가 되고 나서 가장 먼저 한 일 중 하나는 해외 식품박람회를 쫓아다니는 일이었다. 전통 장이 국내에서 인정받기 위해서는 역설적으로 세계에서 인정받아야 한다고 생각했다.

장항아리의 면보를 열고
안을 들여다봤을 때 장이 잘 된
것이 보이면 생각하지 않아도
만면에 미소가 지어진다.

아직 갈 길이 멀긴 하지만 이렇게 지속적으로 좋은 제품을 만들고 알리다 보면 다음 세대에는 전통 장의 진정한 의미를 세계가 인정하게 될 것이다. 그 기대를 품고 딸은 세계를 돌며 맥된 장의 맛과 한국 전통 장의 우수함을 알리기 시작했다. 겉으론 글로벌한 여성 기업인이지만 실제는 무거운 장류 제품을 직접 챙기는 것부터 짧은 시식 시간에 맞추면서 소비자와 바이어를 만나 제품의 명확한 이미지를 심어주어야 하는 고된 시간의 연속이었다.

"엄마의 말씀대로 일본에서 개최된 식품박람회에 갔을 때 우리 부스를 방문한 소비자와 바이어를 기념하고 싶어서 방명록을 준비했어요. 제딴에는 야심차게 준비했는데 박람회에 나온 다른 부스들은 제품 전시와 홍보에만 집중하더라구요. 아, 너무 과했구나 싶어 얼굴이 뜨거웠는데 방문객 몇 분이 방명록을 쓰시더라구요. 내가 처음으로 준비한 부스를 찾은 방문객의 기록을 보며 왠지 뿌듯했어요. 의기소침해지거나 긴장될 때 종종 방명록을 꺼내봐요. 그때의 용감했던 열정을 되살리고 싶어서요."

딸은 국제식품박람회, 마켓시식회를 진행하고 전통 장의 메뉴 개발을 위해 영국을 비롯해 세계 유수의 요리학교에서 연수를 하고, 영문판 한식 레시피북의 서포터로 참여하면서 한국맥꾸룸에 대한 인지도를 조금씩 넓혀 갔다. 그렇게 딸을 앞세워 한국맥꾸룸이 세계에 발을 디디게 된 것이 햇수로 10년째다. 지난 2019년에는 제이미 올리버를 비롯해 세계적으로 유명한 셰프들이 수학한 영국의 100년 전통의 공립학교이자 영국 최초의 요리학교인 웨스트민스터 킹스웨이 칼리지(Westminster Kingsway College)의 빅토리아센터로부터 초청받아 된장, 고추장, 간장 등 전통장류에 대한 설명과 시연을 했다.

정말 긴장된 시간이었다. 우리나라 사람에게 간장과 된장을 설명하고 활용법을 이야기하는 것은 세상에서 가장 쉬운 일 중 하나였다. 하지만 음식문화가 다르고 전통 장에 대한 이해도가 거의 없는 해외 요리 전문가들에게 무엇을 이야기해야 할 지, 어떻게 정확하게 전달해야 할지 정말 고민이 많았다. 더불어 외국인의 시각으로 전통 장의 정확한 상을 담아보면 우리가 생각지 못한 방향성을 찾을 수 있을지도 모른다는 기대도 있었다.

전통 장 제조의 현대화

2006년 부터 국제식품박람회 참석, 요리학교 초청과 함께 백화점, 홈쇼핑, 해외 마켓 입점 등 한국맥꾸룸의 인지도는 높아갔다. 동시에 우리는 그동안 진행해 온 장류 사업의 현대화에 집중했다. 국제인증(ISO 22000) 획득, 패키징 시설의 현대화, 웹사이트와 SNS의 활성화를 통한 브랜딩 작업까지 시설과 마케팅을 시대에 맞게 바꾸는 작업이었다. 전통 장에 대한 정부의 관심과 지원 역시 보탬이 됐다. 전통을 지키면서 현대화를 진행하기 위해서는 중심을 명확하게 잡아야 한다. 국내산 재료와 전통제조법, 항아리 등 반드시 지켜야 하는 과정과 그 틈새 어디에 현대화를 접목해야 하는지 기준을 정해야 한다. 장을 만드는 과정 전체를 일직선상에 놓고 현대화할 수 있는 부분을 온 가족이 함께 논의했다. 정부나 협회, 단체 등에서 하는 교육을 딸과 아들이 찾아서 듣고 설비업체, 전문가들의 조언을 들으며 위생 등 일부 과정에 대해 조심스럽게 현대화 작업을 진행했다. 이런 준비들은 홈쇼핑 판매 제의나 해외 마켓 수출 등의 제의가 들어왔을 때 적격 기준을 통과하는 데 많은 도움이 됐다. 매번 생각하는 것이지만 답은 항상 변화를 통해 얻게 된다.

영국의 웨스트민스터 킹스웨이 칼리지에 초청되어 세계 각국의 셰프, 학생들에게 전통장류를 이용한 레시피 개발을 강의했다.

한국맥꾸롬이 현대화하지 않은 부분, 아니 할 수 없었던 부분은 자연발효와 숙성이다. 자연발효와 숙성은 좋은 재료와 깨끗하고 맑은 자연, 귀하고 오래된 항아리, 900번 이상의 정성스런 손길이 닿아야 완성되는 전통장류 제조법의 정체성이기에 결코 바꿀 수 없는 부분이다. 장류 문화는 이제 새로운 시대, 새로운 문으로 입성할 때가 됐다. 기본과 철학은 그대로 두되 구현 방법은 바뀌어야 한다. 전통장류의 새로운 문화는 젊은 사람들이 만들어가야 한다. 전통 장을 기록하고 정체성을 지키면서 보다 미래 지향적인 장류 문화를 열어가야 한다.

"평행이론 같아요. 지금 제 나이는 엄마가 전통 장 사업에 뛰어들고 한국맥꾸롬을 설립했던 그 나이예요. 엄마는 사라질 수도 있는, 혹은 사라질 것만 같던 전통 장을 수면 위로 끌어올리기 위해 30년 넘게 최선을 다하셨어요. 같은 나이에 접어든 제가 지금 느끼는 것은 전통 장의 미래를 위해 작은 무엇이라도 해야한다는 일종의 책임감이에요. 엄마만큼 할 수 있을지는 모르지만 적어도 그 뜻만은 제대로 이어가려고 합니다."

딸이 전수자가 되면서 한국맥꾸롬의 이미지와 규모는 한 단계 더 진화했다. 판로가 확대되고 생산량과 유통량이 증가하면서 온-오프라인 마켓에서 주문하는 상품이 최종 소비자에게 도착하기 전에 보관과 유통을 위한 물류거점이 필요해졌다. 복잡한 유통과 물류를 관리하고, 시스템을 맡아서 유지해 줄 수 있을만한 사람은 공학을 전공해 논리적이고 명민한 아들이 적격이라고 생각했다. 다행히 아들 역시 나의 바람을 외면하지 않았다. 이렇게 전통적인 제조법에 현대적인 시스템이 만나면서 한국맥꾸롬은 3대째 전통 장을 이어갈 수 있게 됐다. 전수자인 딸은 생산, 관리, 영업, 마케팅까지 전 분야를 두루 돌보고 아들은 유통과 물류 부문을 책임지게 되면서 한국맥꾸롬의 기틀은 더욱 단단해졌다.

딸은 나의 또다른 스승이다.
'아직 멀었다'고 '더 배워야 한다'고
매번 쓴소리를 하지만
내가 생각지 못한 새로운 방법을 찾고
어려움 속에서 가능성을 만들어 나가는
딸의 모습을 보면
마흔의 나도 저랬을까 싶을만큼
감탄스럽다.

Chapter 2

한국맥꾸룸의
기억,
그리고 기록

_권혜나의 이야기

한국맥꾸룸의 시작,
지키고 싶은 우리 장 문화

한국맥꾸룸의 하루는 항아리에서 시작한다. 항아리 속 곰팡이 꽃을 확인하고 담근 시기가 서로 다른 장항아리를 일일이 열어보며 곰팡이 꽃 가지가 피진 않았는지, 수분이 너무 날아가 딱딱하게 장딱지가 앉진 않았는지, 색과 농도가 적정한지, 광목 덮개 안으로 곤충이 들어오진 않았는지 꼼꼼하게 살펴야 한다. 그리고 나무 주걱으로 된장과 고추장 위에 꽃처럼 올라온 곰팡이를 5㎝ 깊이로 파서 꼼꼼하게 뒤집는다. 곰팡이는 어떤 때는 하얗게 두부가 되는 모양으로 몽글몽글 일정하게 올라오고 어떤 때는 달의 표면처럼 울퉁불퉁 거칠게 올라오기도 한다. 두달 혹은 세달에 한번씩 정기적으로 잘 뒤집지 않으면 꽃가지가 너무 많이 피거나 장딱지가 앉으니 매번 신중해 질 수 밖에 없다.

곰팡이 꽃처럼 예쁘게 활짝 피기를 기대하는 한국맥꾸룸

곰팡이는 장맛을 좋게 해줄 미생물이 잘 자라고 있다는 증거다. 숙성기간이 1년 이상이 되어가는 장에서는 감칠맛 나는 냄새가 올라온다. 맥된장을 처음 먹어본 어떤 지인은 조미료를 넣었냐고 뜬금없는 질문을 해서 나를 당황하게 했다. 맥된장의 진하고 묵직한 감칠맛 덕에 잊지 못할 질문을 받기도 한다. 그 감칠맛이야말로 한국맥꾸룸이 지켜 온 맛의 기록이자 역사다. 한국맥꾸룸은 1989년 '전통의 맥을 이어가고자 하는 꾸러미'라는 의미를 담아 엄마와 아버지가 함께 만들었다. 이름은 책 읽는 것과 철학적인 대화를 좋아하는 아버지가 지었다. 1988년 서울 올림픽을 전후로 우리나라의 생활문화는 급변했다. 여성의 사회 진출이 늘어나고 곳곳에 아파트가 건설되면서 주거문화가 점차 바뀌는 새로운 시대로 접어들고 있었다. 좀 더 편리하고 깨끗하고 현대적인 생활을 지향하는 문화가 전국으로 번져가는 시기였다.

전통 장을 처음 만들게 된 것은 먹고살기 위해서였지만 장을 꾸준하게 담그면서 엄마의 의식속에는 전통을 잇는다는 자부심이 자리를 잡기 시작했다. 전통 장이 갖는 역사적 문화적 과학적 의미를 천천히 그리고 깊게 깨달아가면서 일종의 책임감 혹은 사명감이 생겼다고 할까. 그런 책임감이 없이 사업적으로만 접근했다면 아마도 장류사업은 벌써 접었을 지도 모른다. 전통 장 제조는 제조기간이 길고 유통 리스크가 매우 크다. 짧게는 12개월, 길게는 16개월 동안 장을 만드는데다 혹시라도 팔리지 않아 오래 묵혀두면 맛이 짜고 색이 진해져 상품성이 떨어진다. 당시엔 예측 생산이 어렵고 판매하지 못한 제품은 모두 자체 소비해야 했다. 게다가 재료비를 모두 선지급해야 하고 판매를 위해서 판로개척이라는 난관까지 넘어야 했다. 장을 많이 팔기 위해서는 집에서 장을 담가먹지 않는 아파트 단지들이 많아야 했고 당시에 그런 환경을 갖춘 곳은 서울뿐이었다. 결국, 엄마는 장을 팔기 위해 대구와 서울, 청송과 서울을 일주일에도 몇 차례씩 왕복해야 했다.

소나타와 함께 한 10년

"내가 세상에서 가장 잘 한 일중 하나가 운전을 배운거예요. 1980년대는 여성 운전자가 드물었고 비하까지 받던 시기였죠. 지금이야 웃을 수 있지만 당시엔 굉장한 용기가 필요한 일이었어요. 나는 자가용 트렁크에 된장, 고추장, 청국장을 가득 싣고 아파트 부녀회를 찾아다니며 시식회를 열고 판매를 하면서 정기적인 유통망을 개척해 나갔죠. 아마 그걸 가능하게 한 것이 운전이 아니었나 싶어요."

엄마의 첫 차는 아버지가 사준 소나타다. 서울에 갈 때마다 매번 트렁크에 실을 수 있는 최대의 양을 실었는데도 튼튼하게 오래 견뎌주었다고 했다. 10년 이상을 20만 ㎞ 넘게 범퍼가 너덜해질때까지 탄 후 수명이 다한 소나타를 폐차할 때는 가슴이 먹먹할 정도로 아쉬웠다고 한다. 역사의 한 장을 덮는 것 같은 느낌이 들기도 했단다.

　"지금처럼 도로가 잘 발달되지 않은 시대라 서울까지 가려면 6시간이 넘게 걸렸어요. 전날 저녁에 우리 장들을 트렁크에 실어놓고 새벽같이 차를 몰고 서울로 향했죠. 한번 와 보라고 하면 두 말 않고 갔어요. 지금은 유통과 물류, 마케팅과 홍보를 대행하는 회사나 사람이 많지만 당시만 해도 아파트 부녀회는 큰 거래처거든요. 게다가 부녀회를 통해 번져나가는 입소문은 홍보효과가 엄청났었죠."

　열정적이고 과감했던 엄마는 장과 고객 모두에게 진심을 보였고, 시어머니와 함께 만들던 전통 장을 시대에 맞게 변형시킬 만큼 입맛이 남달랐다. 엄마는 장을 직접 만들고 통에 넣고 마케팅에 영업, 판매까지 모든 일을 처리하느라 아이들을 돌보는 시간이 턱 없이 부족했다. 어릴 때는 엄마가 홍길동 같다는 생각을 했다. 엄마를 불러 볼 기회가 많지 않았기 때문이다. 장을 만들지 않으면 서울이나 대구 어딘가 다른 곳에 계셨다. 엄마가 필요할 나이였는데 엄마의 관심과 보호를 많이 못 받는 것 같아서 아쉽기도 했다. 우리 아이에게는 절대 안그럴 것이라고 다짐히곤 했는데 어느새 엄마와 똑같아지고 있어서 속상할 때가 많다.

　엄마는 한국맥꾸룸을 설립하고 초기엔 할머니와 아버지 두 분의 도움으로 견뎌냈는데 시간이 지나고 사업 규모가 커지면서 의지할 수 있는 사람이 필요해졌다고 했다. 엄마는 나에

장 만드는 집에서 가장 중요한 곳,
한국맥꾸룸의 장항아리가 있는 숙성실 앞에는
아버지가 살뜰하게 가꾸는 정원이 있다.
장을 만드는 우리와 잘 익어야 할 장을 위한 배려다.

한국맥꾸룸의 전통 장이
맛있는 이유는 사람을 위해 좋은
재료로 장을 담고 부지런하게
장을 보살펴 가장 맛있는 상태가
됐을 때 상품으로 내놓기
때문이다.

게 전통 장의 철학을 들이밀었고 한국맥꾸룸이 걸어가야 할 미래를 과장하지 않고 이야기했다. 나는 그렇게 전통 장과 인연을 맺었다. 엄마의 계속된 설득이 있기는 했지만 그보다 더 큰 이유는 한국맥꾸룸을 지탱해 나가는 것이 점점 힘에 부치면서도 열정적으로 몰두하는 엄마의 모습을 그대로 지나칠 수 없는 애틋함이 더 컸다.

정통 장의 맥을 잇는다는 것은 미확정의 시간위를 걷는 것

한국맥꾸룸의 역사는 전통 장이 걸어온 또 하나의 길이기도 하지만 엄마 인생의 기록이기도 하다. 그대로 포기하기에는 오랜시간 일궈놓은 한국맥꾸룸의 의미가 너무 크고 깊었다. 엄마와 일하는 것은 쉽지 않지만 가만히 들여다보고 있으면 존경심이 배어난다. 엄마의 일들이 자연스럽게 하나씩 나에게 넘어오면서 나날이 일이 많아지고 있다. 그러면서 '엄마가 참 대단하구나', '한국맥꾸룸의 전통 장이 이렇게 훌륭하구나'를 새삼스럽게 느끼고 있다.

전통 장의 맥을 잇는다는 것은 끝이 정해지지 않은 시간위를 걷는 것이다. 그 걸음걸음에는 수고로운 정성이 켜켜이 쌓여간다. 뜻하지 않은 진흙길이나 돌길을 만나기도 하고, 돌풍이나 폭우에 갇히기도 한다. 그럴때 엄마는 지름길을 찾지 않고 문제의 본질을 정면으로 마주하고 방법을 찾는다. 정답보다 해답을 찾으며 그 과정을 온전히 '경험화'하고 새로운 방향을 제시하기도 한다. 엄마는 그렇게 바쁘고 고지식하게 한국맥꾸룸과 함께 인생의 반 이상을 걷고 있다.

그래서일까. 엄마는 장을 맛있게 담그는 비결을 질문 받으면 매번 고민스러워 한다. 몇 번을 거듭해서 생각한 끝에 내놓는 답변은 한결같다.

항아리 하나하나 걸린 날짜표는 장의 기원을 이야기 한다.
작년에 담근 장과 재작년에 담근 장,
그리고 그 이진 해에 담근 장은 색과 맛이 조금씩 다르다.
처음부터 다르게 담가서 그런 것이 아니라
항아리 안에서 계속 익어가기 때문이다.

"오랜 세월 쉼 없이 장을 담그고 일년 열두달 부지런하게 장을 돌보고 모든 시간을 장에 몰두해 있으면 잘 만들 수 밖에 없다"는 것이다. 듣고나면 고개를 끄덕이면서 온전히 한 곳을 바라보며 그 긴 시간을 지나온 엄마에 대한 애틋함과 존경심이 한층 더 깊어진다.

다른 한편으로, 그 시간을 앞으로는 내가 걸어야 한다는 책임감에 머리가 서늘해지기도 한다. 아침 일찍 장 항아리 앞에 설 때부터 저녁 늦게 일과를 정리할 때까지 머릿속에는 온통 장뿐인데도 매일 하나씩 장에 대한 새로운 궁금증이 추가된다. 몇 개의 궁금증, 몇 개의 아이디어를 모아 엄마와 이야기를 나눈다. 이미 수 없이 이 과정을 반복한 엄마와 함께 해답을 찾아가는 과정은 이제 명인과 전수자, 엄마와 딸의 중요하고도 흔한 일상이 됐다. 할머니와 엄마가 함께 기록했던 장과의 시간을 이제 엄마와 내가 다시 이어가고 있는 셈이다.

장의 맛이 달라지면 왜 달라지는지, 계절과 시간에 맞게 햇볕과 바람은 적당한지, 곰팡이는 제대로 피는지, 장딱지가 앉지는 않는지 확인하고 그때그때 대처해야 할 사항을 목록으로 정리하면 아마도 수십 가지가 넘을 것이다. 좋은 콩을 수확한 해도 중요하지만 장은 자연과 시간이 만드는 발효와 숙성의 정도에 따라 맛이 차이가 생긴다. 자연발효는 재료에서부터 자연환경, 사람의 보살핌까지 수 많은 상황에 대해 섬세하고 치밀한 대처법을 요구한다. 그러니 그 대처법을 쌓아갈 수 있는 방법은 부지런하게 장과 함께 시간을 보내는 것이다. 결국 엄마와 나, 그리고 한국맥꾸룸이 지키려는 전통 장의 문화는 사람을 위해 부지런하게 장을 만들고 살피는 마음가짐이 아닐까 싶다.

콩·물·소금·항아리의 협연으로
맛의 맥을 잇다

전통 장에서 가장 중요한 것은 콩·물·소금·항아리다. 햇볕과 바람, 미생물의 조화로 발효와 숙성이라는 최고의 단계를 거치지만 기본이 되는 것은 역시 재료다. 엄마는 이 네 가지에 대해서 만큼은 타협을 허락하지 않는다. 나에게도 반복적으로 이야기한다. "장에 대한 기본 원칙이 지켜져야 맛 역시 이어진다"고.

기본이 철학이 되어야 지켜지는 맛

장은 공동체적 문화가 강하다. 콩·물·소금·항아리의 각 재료를 키우고 만드는 밭, 염전, 옹기를 만드는 사람들과 함께 만든다고 생각해야 한다. 좋은 재료들이 어울려 더 훌륭하게 만들어지는 과정이다. 엄마가 어릴 때는 장을 많이 담근 집과 그렇지 못한 집이 나눠먹는 문화가 자연스러웠다. 엄마는 늘 사람을 위한 장을 담가야 한다고 말씀하신다. 그 철학을 지키려면 절대로 기본을 타협해선 안된다.

"한국맥꾸룸의 장은 그렇게 기본을 지켜가며 나에게서 딸로, 그리고 다음 세대로 맥을 이어가겠죠. 처음 전수자가 되었을 때만 해도 불안하게 나의 길을 따라온다고 생각했는데, 장을 함께 담그면서 어느 순간 전통 장의 미래를 함께 만들어 갈 동료이자 파트너로 성장했구나 싶어서 마음이 든든해요. 이제는 나보다 더 꼼꼼하게 기본을 따지곤 한답니다."

된장과 청국장용 메주는 노란빛이 고르게 도는 백태(메주콩)를 쓴다. 대맥장용 메주는 검정 서리태가 주재료다. 콩은 모두 기후가 비슷하고 유통경로가 짧은 청송과 주변 경상도·전라도 지역의 밭에서 생산된다. 지역별로 풍년과 흉년이 엇갈릴 때도 있고 사입처인 농장이 농사를 짓지 않게 되는 경우도 있어서 사입처를 일원화 하는 것은 위험부담이 있다. 지금은 청송연초

조합을 통해 비교적 안정적으로 공급받고 있지만 여전히 콩밭 주인을 알 정도로 콩에 대한 기준이 까다롭다. 콩은 알이 적당하게 굵고 벌레 먹거나 썩지 않아야 하고, 잘 마르고 잘 삶아져야 하며 고소한 맛이 나야 한다. 인근 밭에서 직접 사입해 올때는 콩깍지 같은 잡티를 골라내야 했는데 지금은 깨끗이 골라진 것을 사용한다. 그래도 장을 담기 전에 한 번 더 고르는 작업을 빠뜨리지 않는다.

   장에 쓰이는 물은 청송의 물이다. 산소카페라는 슬로건을 내걸 정도로 청송의 자연은 깨끗하고 아름답다. 탄산을 품은 달기약수가 유명하지만 장은 탄산끼가 없는 순수한 물을 사용한다. 웅장한 산의 계곡마다 가득한 청정한 물은 간장과 된장, 고추장의 가장 중요한 재료. 원래 장을 담는 물은 금방 퍼올린 물이 아니라 받아놓았다 써야 했다. 옛 어른들은 동지 뒤 세 번째 미일(未日) 즉 납일(臘日)에 온 눈을 녹인 납설수(臘雪水)로 장을 담갔다. 빙하수인 셈이다. 요즘에야 활성산소가 풍부하고 천연 육각수 구조를 이루어 좋은 물이라는 것을 알지만 옛 날에는 그냥 차고 맑고 맛있는 물이었다. 그렇게 좋은 물에 소금을 섞어 소금물을 만든다.

   소금은 2년 이상 간수를 뺀 천일염을 써야 쓴맛이 없고 달다. 지금은 신안 증도의 태평염전 소금을 사용한다. 생태청정지역의 갯벌에서 채염한 천일염은 깨끗하고 맛있다. 간수를 제대로 빼서 수분이 적당하다. 포슬포슬하니 손에 잘 붙지 않고 후르르 내려간다. 예전에는 채염 기술이 발달하지 않아서 좋은 소금을 들여와도 장 담그기 하루 전날 물에 녹여 불순물을 가라 앉히고 그것도 못 미더워 항아리 위에 면보를 깔고 그 위에 소금물을 부어 맑은 소금물만 사용했다. 채염 기술이 발달한 요즘 소금은 보기에도 깨끗한데 그래도 우리는 면보에 걸러서 항아리에 붓곤 한다. 작은 모래나 해초 같은 것이 있을 수도 있다는 걱정 때문이다.

소금 만큼 귀한 것이 항아리다. '장맛이 변하면 집안이 망한다'는 속설에는 발효와 숙성 과정에서 장맛을 좌우하는 항아리를 귀하게 여기고 부지런히 살피라는 경계가 담겨 있다. 장항아리에 새끼로 꼰 금줄을 치고 버선본을 떠서 거꾸로 붙이고 홍고추와 대추 그리고 불에 달군 숯 등을 얹는 것 역시 부정한 것이 가까이 하지 않기를 바라는 기원과 함께 장항아리 관리를 게을리 하지 말라는 의미다.

항아리는 미세한 흙알갱이들로 이루어진 점토로 만든다. 스스로 숨구멍을 만들어 안과 밖의 공기를 소통해서 장의 숙성을 관장한다. 나뭇재로 만든 잿물과 가마에서 나무를 태워 굽는 방식은 항아리의 방부효과를 높여 장을 오래 보관할 수 있도록 한다. 항아리는 크기도 다양하다. 옹기를 굽는 사람들은 높이가 100㎝ 이상이면 독이라고 하고 그 이하면 항아리라고 불렀다. 일반 가정의 장독대에서 가장 어른 역할을 했던 항아리의 높이가 70~90㎝였는데, 지금은 그 정도 항아리를 사용하는 곳이 드물다. 그런데 우리는 지금도 200~300㎏ 정도의 장이 들어가는 90~100㎝ 이상의 큰 항아리를 사용한다. 항아리이기도 하고 독이기도 한 크기다. 엄마는 유독 항아리의 크기를 고집한다. 높이가 성인의 배꼽 정도는 올라와야 한국맥꾸룸의 깊은 장맛을 만들어낼 만큼의 발효미생물이 활발하게 자기 일을 할 수 있기 때문이다. 게다가 예진만큼 크고 좋은 항아리를 구하기가 어려우니 더욱 귀하게 여길 수 밖에 없다.

엄마가 마지막까지 가장 귀하게 살피는 재료는 정성이다. 장에 들이는 정성만큼 한국맥꾸룸의 장을 먹는 사람이 건강하기를 기원하는 따뜻한 애정이 최고의 재료라고 했다. 이 모든 재료들을 제대로 버무리는 것이 대를 이어 좋은 장을 만드는 비법이라는 것이 엄마의 오랜 신념이다. 그리고 그 비법이 온전히 나와 우리 이후의 세대에까지 이어져야 한다고 말씀하신다.

엄마는 선조들이 장을 만들 때 지키려고 했던
수많은 금기와 철칙들을 귀하게 생각한다.
지혜를 모으고, 기원을 모아
집안의 장맛을 지키려 했던 정성과 간절함이
원칙으로 거듭났다고 생각하기 때문이다.

발효와 숙성을 기다리는 공간, 장항아리 하우스

한국맥꾸룸의 장항아리 하우스를 본 사람들의 반응은 비슷하다. 놀라거나 신기해 한다. 항아리의 숫자에 놀라고 하우스의 규모에 잠깐동안 입을 다물지 못한다. 그러나 항아리 하우스의 진정한 가치는 규모가 아니라 용도에 있다.

하우스를 만든 사람은 아버지다. 엄마의 노력으로 맥된장의 인지도가 높아지고 판매량이 증가하면서 항아리 수도 함께 늘어갔다. 24개에서 50개, 100개, 300개, 1000개, 그리고 가장 많을 때는 4000개에 근접하기도 했다. 우리가 가장 활발하게 전통 장을 만들 때다. 항아리가 늘어갈수록 장을 담는 것은 둘째치고 발효와 숙성 과정에서 모기, 하루살이, 딱정벌레 등 곤충의 침입을 막으면서 상품이 되기까지 항아리를 관리하는 일이 보통 힘든 일이 아니다. 청송의 깨끗한 공기와 햇볕, 바람은 장뿐만 아니라 수많은 곤충들에게도 훌륭한 보금자리였다. 구수한 콩 냄새가 나는 장항아리를 곤충들이 가만 둘리가 없다. 항아리 하우스를 만들기 전에는 매일 아침 항아리 주변의 거미와 파리 등 곤충을 쫓고 혹시라도 항아리 안에 들어가지 않았는지 꼼꼼하게 살피는 것이 가장 중요한 일과 중 하나였다.

항아리를 지키기 위해 만든 5중 보호막

"항아리가 아니라 공장시설을 설치하라고 주변 사람들이 조언을 했어요. 그런데 우리 장은 항아리에서 숙성해야 제대로 된 맛을 낼 수 있는 전통 장인데 내 몸 조금 편하자고 기본을 타협하고 싶지는 않았어요. 남편은 그런 부분을 이해하면서도 매일같이 곤충들과 싸움하고 영업을 나가고 정신없이 뛰어다니며 몸이 축나는 나를 보는 것이 안타까웠나 봐요."

매일 종이에 스케치를 하는가 하면 청송 시내를 왔다갔다 하며 책을 사고 곰곰히 무언가를 궁리하던 아버지가 어느날 장항아리를 곤충으로부터 보호할 수 있는 하우스를 만들자고 제안했다. 강렬한 자외선과 거친 바람 등 자연이 쏟아놓는 시험을 이겨낼 정도로 견고한 '시설'이 필요하다고 했다. 어느날 아침, 아버지는 사람들과 함께 하우스 공사를 시작했다. 몇 날 며칠 동안 자재들이 들어오고 바쁘게 공사하는 소리가 들리더니 커다란 하우스 8동이 들어섰다.

아버지는 장 만드는 일에 매우 적극적이다. 전통 장은 언제나 다음 세대를 생각해야 한다고 말씀하신다. 아버지는 맥이라는 브랜드 명을 만들고 메주나 청국장을 띄울 때는 밤잠을 줄여가며 온도를 확인하고 발효의 정도를 항상 살핀다. 장은 물이 좋아야 한다며 마사토 땅을 찾아 이곳으로 이끈 것 역시 아버지였다. 그런데 그 중에서도 우리가 가장 고마워 하는 것은 역시 이 하우스를 개발한 것이다.

지금의 항아리 하우스는 처음 만들었을 때보다 여러 부분에서 발전을 거듭했다. 콩을 삶고 메주를 발효시키는 공간을 옆에 만들어 이동 중에 비를 맞지 않도록 시설을 갖췄고 원래 3중이던 하우스는 5중 하우스가 됐다. 곤충과 벌레로부터 장항아리를 지켜야겠다는 의지였다. 그래도 사람을 따라 종종 거미나 파리가 들어왔다. 결국 항아리를 살피는 일을 새벽부터 오전 10시까지로 끝내고 벌레들이 활발하게 활동하는 오전 11시 이후에는 출입을 금하기로 했다. 부지런하지 않으면 장맛이 변하는 것을 막을 수 없다는 것이 엄마의 생각이다.

5중 하우스와 광목으로 짠 덮개가 마음에 꼭 들지만, 그것만 믿고 있을 수는 없기에 엄마와 나는 직원들과 함께 3000여 개 항아리를 돌며 곤충의 침입 여부를 확인하는 일과를 지키고 있다.

전시와 체험으로 함께 즐기는 장 문화, 송주원

쪽빛 하늘에서 비어져 나온 솜사탕 같은 구름이 기와지붕 끝에 애틋하게 걸려 있다. 창 인 듯 문 인듯 활짝 열린 공간으로 청송의 깨끗한 바람이 드나들고 크고작은 항아리들이 나즈막한 담처럼 한옥을 둘러서 있다. 자연과 한옥이 맞배지붕에서 서로 만나는 풍경이 고혹적이기까지 한 송주원의 모습이다.

한국맥꾸룸을 이루는 건물은 모두 4개이다. 장을 만들고 보관하는 장항아리 하우스와 현대적 패키지 시설인 패키징센터, 일반인을 대상으로 장류체험과 교육을 진행하는 현대적 인테리어의 카페, 그리고 고운 한옥으로 지어진 송주원이다.

푸른 노송으로 가득한 청송을 사랑해서인지 카페와 송주원 주변으로는 다 자라지 않은 소나무들이 심어져 있다. 이 나무들이 늘푸른 노송으로 자랄 때쯤엔 또 다른 세대가 한국맥꾸룸을 이어가고 있을지도 모른다. 송주원은 전통 장의 역사가 다음 세대에 까지 이어갈 수 있기를 바라는 마음으로 단아하면서 우아한 한국의 색채를 잘 보여줄 수 있는 고운 한옥으로 지었다. 그리고 변함없이 푸르른 소나무 동산이라는 의미의 송주원(松株園)이라는 이름을 붙였다. 역시 아버지의 작명이다. 머지 않은 미래에 송주원에서는 전통 장의 역사와 문화를 전시하고 한국맥꾸룸이 걸어온 기록을 차근차근 전시해 나갈 계획이다.

우리 장 문화를 보여줄 전시공간으로 계획

"송주원은 전시공간으로 쓰일 예정이에요. 빠르게 준비하면 내년 말쯤엔 작게라도 오픈을 할 수 있지 않을까 싶어요. 상설 전시 공간이 될지 역사공간이 될 지는 딸과 함께 계속 고민중이예요. 여기저기 흩어져 있는 한국맥꾸룸의 기록들도 찾아야 하고 전통 장과 우리 문화에 대한

송주원은 한국맥꾸룸의 기록과
역사를 전시하고 더 많은
사람과 함께 나누고
즐기는 장 문화를 위한
미래의 구심점이 될 것이다.

스토리텔링도 준비해야 하고 생각보다 많은 시간을 준비해야 할 것 같아요."

엄마는 늘 "장을 만드는 사람은 겸허하게 기다릴 줄 아는 지혜를 가져야 한다"고 말한다. 송주원의 이름에 소나무를 넣은 것은 소나무가 많아서이기도 하지만 소나무의 특성을 생각해서다. 소나무는 쉬이 자라지 않으면서 수령이 오래될수록 견고해지는 뿌리와 둥치를 가졌다. 변치 않는 푸르름을 지키는 솔잎 덕에 예로부터 귀한 나무이면서도 솔잎이며 솔방울, 송화가루까지 두루두루 일상에서 귀하게 쓰인다. 전통 장 역시 마찬가지다. 16개월 이상의 긴 시간과 정성을 들여 귀하게 만든 장은 어떤 시대, 어떤 사람의 밥상에도 낯설지 않게 귀하게 쓰일 수 있어야 한다.

송주원은 전통 장의 기록문화를 전시하고 체험활동과 교육을 통해 전통 장이 생활문화 깊숙이 자리잡을 수 있는 공간으로 만들어갈 계획이다. 아마도 내년 하반기나 후년에는 우리의 전통 장 문화가 어떤 것인지, 어떻게 현재에 이르렀고 미래로 이어질 지, 귀하게 빚어 쉽고 다양하게 활용할 수 있는 우리 장의 모습을 온전히 기록하고 보여주는 공간이 될 것이다.

현재 전시홍보와 체험장을 겸하고 있는 카페는 한국맥꾸룸의 제품으로 만든 식음료를 즐기며 우리 장에 대한 이야기를 담담하게 보여줄 수 있는 식공간으로 꾸밀 계획이다.

"송주원의 모습을 어떻게 그려나갈지, 한국맥꾸룸을 어떤 모습으로 발전시켜 나갈지는 이제 전수자인 딸에게 달려 있어요. 생각날 때마다 이런 얘기 저런 얘기를 하는데 너무 옛스러운가 하는 생각이 들 때가 많아요. 나보다는 딸이 더 시대의 변화에 유연하게 대처하며 더 많은 사람들에게 우리 장 문화의 우수함과 아름다움을 알리지 않을까 싶어요. 나는 이제 옛것을 더 잘 기록할 수 있도록 도움을 주는 조력자로서의 역할에 만족해야겠지요."

느긋하게 즐길 수 있는 장 문화

　어린 소나무들이 둘러싼 단층형의 카페는 현재 장류 체험과 교육을 위한 공간으로 이용하고 있다. 앞으로 송주원이 장류 문화를 전시기록하는 갤러리 겸 뮤지엄으로 변신하면 카페는 한국맥꾸룸이 추구하는 전통의 장 문화를 느긋하게 즐길 수 있는 식음료 공간으로 만들기위해 조심스럽게 계획을 세우고 있다. 장이 완성되는 시간처럼 한국맥꾸룸도 서두르지 않고 장 문화의 다음 세대를 그리며 꼼꼼하게 준비해 가야 한다는 것이 우리의 생각이다.

　엄마의 설득으로 직장을 그만두고 청송으로 왔을 때만 해도 카페니 송주원이니 하는 것은 생각지도 못했다. 장 만드는 일만으로도 벅찼기 때문이다. 엄마는 아이디어가 넘쳤고 미래 비전 역시 빼곡하게 많이 만들어놨지만 그것을 현실화 할 수 있는 시간적인 여력은 그 어디에도 없었다. 뜻하지 않게 그 임무가 내게 주어졌다. 막막했다. 내가 이곳에서 무엇을 할 수 있을까, 한국맥꾸룸이 오랜시간 힘들게 쌓아올린 신뢰를 내가 과연 지켜나갈 수 있을까, 10년 넘게 치열하게 고민하고 몸으로 뛰면서 열심히 배우는 수 밖에 없었다. 한국맥꾸룸과 나의 미래, 그리고 다음 세대를 위해 남겨야 할 의미까지 반드시 필요한 고민들이 매 순간 머릿속을 채웠나.

　2019년 부터는 장 문화 체험행사와 레시피 교육 등 소비자와 직접 소통하는 방식으로 한국맥꾸룸, 그리고 전통 장 문화를 알리는데 공을 들였다. 장 문화가 생소한 아이들, 그리고 장 문화를 좀 더 알고 싶은 어른들을 위해 보다 재미있는 프로그램를 개발하기도 한다. 현재의 세대와 다음 세대가 모두 우리 장 문화를 인문학적으로든 입으로든 재밌게 즐기면서 마음 갈피에 특별한 순간으로 받아들이면 더할나위 없겠다는 생각이다.

한국맥꾸룸의 장류제품을
전시하고 체험객을 맞이하는
송주원의 카페 공간.
이곳에서는 전통장류를
체험하고 관련 교육도
진행하고 있다.

"해야 할 일을 미루고 있을 때 구원자 처럼 들어온 것이 딸이예요. 딸이 전수자로 들어오고 나서 생각했던 시설이 더 빠르게 현대화 되고 한국맥꾸룸의 규모가 갖춰지기 시작했죠. 젊은 전수자는 나와 시어머니가 했던 것처럼 수많은 논의와 시행착오를 거치며 새로운 세대의 변화를 한국맥꾸룸 안으로 끌어오기 시작했어요. 대견했죠."

우리 장 문화를 알리기 위한 송주원과 카페의 협업

문화는 즐겁게 체험하면서 익숙하게 생활속으로 스며드는 것이다. 뚜껑을 닫고 있는 항아리 안에서는 장이 어떻게 익어가는 지 모른다. 뚜껑을 열고 곰팡이를 살피며 장이 익어가는 순간순간을 보고 익히면서 장에 대한 애정이 더 깊어지는 것처럼 '전통 장 문화를 지킵시다'라는 액자속 슬로건만으로는 아무것도 변하지 않는다. 장을 만드는 색다른 체험뿐만 아니라 장을 느긋하게 즐기고 새삼스럽게 깨닫고 의미있게 고개를 끄덕이는 사람이 많을수록 우리 장 문화는 더 긴 세월동안 그 맥을 이어나갈 것이다. 그래서 우리 장 문화의 전시기록뿐만 아니라 가볍게 즐길 수 있는 장소로 카페를 이용하는 방법을 모색하고 있다.

"나는 열심히 당위성을 이야기하고 아이디어를 제시하지만 실행은 역시 전수자 몫이죠. 어떻게 전개해 나갈지, 중점을 둬야 할 지점은 어딘지, 어떤 스토리로 풀어나갈지 하는 것들은 모두 딸에게 숙제로 던지게 돼요. 생각도 젊고 행동도 빠르니까요. 시간이 지날수록 점점 더 많은 부분을 의지하게 됩니다. 아무래도 한국맥꾸룸의 또 다른 미래 비전은 전수자인 딸이 만들어가야 할 테니까요."

한국맥꾸룸이 꿈꾸는
전통 장의 새로운 변주

　전통은 머물러 있기 보다 의미있는 흔적을 남기며 흘러가야 한다. 장은 모든 집에서 담가 먹고 1년 내내 삼시세끼의 없어서는 안되는 중요한 부식재료였다. 옛날에는 장시간 보관하고 아껴서 먹어야 했으니 짜게 담는 것이 중요했지만 지금은 맛있게 먹는 것을 선호해서 염도를 낮춰 짠 맛을 줄였다. 그랬더니 그 안에 숨어있던 단맛과 감칠맛이 두드러지면서 더 맛있는 장으로 변화했다. 전통이 과거에서 현재로 자연스럽게 흐른 덕분이 아닐까 싶다.

　전통은 시대에 맞게 변화하고 발전시켜 나가야 비로소 지켜진다는 것이 엄마의 생각이다. 장 만드는 방법은 지역마다 다르고 장맛은 집집마다 제각각이다. 전통이 달라서가 아니라 각자의 입맛과 지역색이 담기기 때문이다. 앞으로 30년, 40년이 지나 장이 어떤 모습으로 존재할 지 생각해 보라. 한식을 넘어 세계의 수 많은 요리에 핵심 소스의 재료가 될 수도 있고 김치 파우더처럼 뿌려먹는 된장이나 고체형 간장이 나올 수도 있다. 실험적이지만 청국장 분말이 아이스크림이나 음료, 떡의 재료로 사용되는 것을 보면 결코 불가능한 미래가 아니다.

시대의 맛과 문화를 담을 수 있는 전통

　"한국맥꾸룸은 전동의 맥을 이어간다는 의미죠. 그 안에는 새로운 시대, 새로운 소비자의 요구를 반영해 끊임없이 전통 장을 연구개발해야 한다는 책임감도 포함돼요. 어릴적 먹은 장이나 시어머니와 함께 담근 장, 그리고 지금 한국맥꾸룸이 만드는 장은 모두 그 시대와 그 안의 사람이 원하는 맛과 문화가 담겨 있어요. 미래의 장도 마찬가지겠지요. 장이 시대와 함께 발전하지 않는다면 아마도 그 존재 자체가 사라질 지도 몰라요. 지키기 위해 변화해야 한다고 할까요."

엄마는 시대의 맛과 문화를 담기 위해서는 다양한 활용법이 개발되어야 한다고 생각한다. 식품업체나 외식기업, 혹은 뛰어난 셰프들과의 협업으로 새로운 레시피를 만들 수도 있고, 분말이나 고체, 소스 형태로 파우더 통이나 튜브에 담겨 유통될 수도 있다. 또는 소비지가 쉽게 접근할 수 있도록 형태를 바꾼 그 어떤 것이 될 수도 있다. 분명한 것은 그것 역시 우리 전통 장의 또다른 모습이고 다음 세대로 이어지는 과정 중의 일부라는 것이다.

만드는 사람과 먹는 사람이 행복한 장

한국맥꾸룸이 그리는 장 문화는 먹는 사람뿐만 아니라 만드는 사람의 문화도 담겨 있다. 맥을 이어가는 꾸러미들이라는 회사명 '한국맥꾸룸'은 직원 한 사람 한 사람을 의미하기도 한다. 엄마는 당신 방보다 직원들 휴게실에 에어컨을 먼저 놓았고 빚을 내서라도 직원들의 급여일을 맞추곤 했다. 대기업만큼의 혜택은 못 주더라도 함께 일하고 고생하는 사람들이 힘들면 안 된다고 했다.

엄마는 가슴 높이의 큰 항아리에서 장을 퍼내고 매일매일 항아리들을 보살피며, 더운 여름 겹겹이 작업복을 입고 겹장을 함께 담그는 직원들의 노고를 항상 잊지 않고 있다. 오랜 시간 다듬어진 매뉴얼이 있으니 잘못될 일은 없겠지만 직원들이 없었다면 그 이상의 무엇을 이뤄내기는 어려웠을 것이다. 그래서인지 엄마는 유독 회사에 오래 근무하는 직원들이 많은 것을 자랑스러워 한다.

세상에 많은 일이 그러하듯 장 만드는 일 또한 오케스트라의 연주와 비슷하다. 콩을 삶고 메주를 만들고 장을 담그고 장항아리를 관리하고 패키징을 하는 직원들, 재료를 담당하고 영업을 담당하는 직원들이 자신의 파트에서 열정과 자부심을 가져야 좋은 장을 내놓을 수 있다.

"청송은 자연이 아름답고 좋은 사람이 많은 소도시예요. 그리고 한국맥꾸룸이 위치해 있는 파천면 중평리는 시골이죠. 당연히 직원 구하기가 어렵습니다. 젊은 사람들은 화려하고 활기 넘치는 도시로 떠나고 나이든 분들은 자신의 땅을 지녔으니 농업이나 과수재배 등에 종사하죠. 인구는 정해져 있으니 전통장을 더 많이 만들고 싶어도 만들 사람이 늘 부족해요. 그래서 현대적 설비를 도입하고 직원들이 보다 쉽게 일할 수 있도록 작은 부분에까지 세심하게 신경을 쓰려고 노력합니다. 그래야 장도 맛있고 우리와 직원들 모두 행복하니까요."

세계인이 함께 즐기는 장

한국맥꾸룸은 세계 각국에서 열리는 식품박람회에 참가하고 현지의 대형 마켓 등을 찾아서 다양한 형태의 시식과 홍보를 한 덕에 지금은 미국, 캐나다, 영국, 호주, 일본, 중국 등 해외에서도 나름의 인지도를 확보하고 있다. 현지 한국인들을 중심으로 주요 수요가 형성되어 있지만 K-Food의 영향으로 한국 음식점이 늘어나고 한국음식을 경험하고자 하는 현지인들이 많아지면서 한국의 기본 양념인 장류 수요도 조금씩 증가하고 있다. 물론 외국인들을 위한 레시피나 패키징, 유통방법의 진화가 필요하다. 한국맥꾸룸 역시 세계의 소비자들이 좀 더 다양한 경로를 통해 편리하게 우리 장을 접할 수 있는 방법들을 다각도로 모색하고 있다. 그러나 장류 사업이 시간과 비용, 인력이 지속적으로 투입돼야 하는 만큼 단계별로 서서히 세계인의 라이프스타일 속으로 스며들 수 있도록 보다 먼 시선으로 미래를 준비해 나갈 계획이다.

2008년 동경부터 상해, 홍콩, 북경 등 식품박람회와 LA수출상담회 참가, 미국, 캐나다, 호주 등 대형 마켓에서의 시식회 개최로 쌓은 이미지와 신뢰로 한국맥꾸룸의 전통 장은 이제 세계로 진출하고 있다.

2010년 5월 24일 한국맥꾸룸 장류의 첫 콘테이너 수출

장을 만드는 일은 외롭고 고된 작업이고
갖겠다고 욕심내지 않아도
책임감과 사명감이 덩달아 따라온다.
전수자로 엄마의 곁에 서기 시작할 무렵,
장이 많이 남아 방법을 찾아야 했을 때나
전통 장의 미래에 대한 고민에 빠졌을 때
엄마에게 이제 혼자가 아니라고,
함께 풀어갈 사람이 옆에 있다고
조용하게 손을 내밀었다.

엄마는 자신과 함께 길을 만들어 갈 나에게
켜켜이 쌓아온 전통 장의 미래에 대한
오래된 유산을 이야기한다.

Chapter 3

명인의 장,
맛있는 요리가 되다

장 요리를 시작하기 전에

장은 우리 음식의 기본 소스이자 주요 원재료지만 장을 담가 먹는 문화가 줄고 기업형 장류 소비가 늘어나고 있다. 전통장류들의 들쑥날쑥한 염도까지 더해져 시중의 모든 레시피가 기업형 장류에 맞춰 있는 것이 늘 아쉬웠다. 여기서 소개하는 조리법들이 전통 장류로 요리하고자 하는 사람들에게 도움이 되었으면 한다.

전통 장 요리에서 알아둘 점

전통장은 짠맛이 강하지만 그만큼 감칠맛도 좋다.
전통 장은 기업형 장류보다 찰기가 덜하고 짠맛이 조금 더 강하다. 한국맥꾸룸의 장은 자연발효를 원칙으로 하기 때문에 염도가 낮아지면 장이 쉰맛이 나고 상해 먹을 수 없기 때문이다. 다만 자연발효가 가능한 최소의 염도를 정확히 맞추고 오랜 자연 발효와 겹된장의 방식으로 자연적인 감칠맛을 올려 적은 양으로도 최고의 장맛을 낼 수 있다.

에이징(aging)에 따라 맛과 색이 조금씩 다르다
전통 장은 자연발효를 통해 생성된 다양한 균주가 뒤섞여 풍부한 감칠맛을 내는 대신 숙성기간, 숙성조인 항아리, 그 해의 날씨에 따라 맛과 색이 조금씩 달라진다. 각 항아리 마다 정성을 똑같이 들여도 맛과 색이 조금씩 다르다. 한 항아리에서도 아래로 갈수록 염도가 높아 차례 차례 담아 낼 경우 염도가 달라 상품성이 없다. 상품을 만들기 위해서는 각각의 항아리들의 장을 섞어 맛있는 맥된장을 만드는데 마치 좋은 향의 술을 만드는 것과 같은 작업이다.

된장은 겹된장이라서 콩의 모양이 살아있다
맥된장의 발효기간이 긴 것은 중간에 메주를 추가로 넣기 때문이다. 그래서 추가로 넣은 메주의 콩이 그대로 살아있다. 콩 모양을 살려 그대로 자연스럽게 요리해도 되지만 콩 모양이 없어야 한다면 체에 으깨어 사용해도 된다. 콩이 입맛을 돋운다는 사람도 많으니 취향에 따라 요리해 보자.

요리에 주로 쓰인 재료

1 맥된장 1차 숙성한 장에서 간장을 뽑고 다시 한번 메주를 넣어 2차 숙성시키는 겹된장 방식의 된장으로 특유의 깊은 맛으로 다양한 요리에 사용이 가능하다.

2 맥찹쌀고추장 찹쌀 특유의 감칠맛이 좋고 품질이 좋은 고춧가루를 넉넉하게 넣어 자연 그대로의 색깔로도 요리의 색감과 맛이 풍부하다. 고춧가루를 추가로 사용하지 않고 고추장만으로도 다양한 요리가 가능하다.

3 맥조선간장 맥된장과 분리해 다시 한번 자연숙성기간을 거친 맑은 빛깔의 한식간장으로 국, 탕, 찌개 요리는 물론 다양한 나물요리에 사용한다.

4 청국장 우리 콩으로 만든 구수한 청국장으로 쿰쿰한 냄새와 짠맛을 줄여 다양한 요리에 활용할 수 있다.

5 맥대맥장 일반적으로 접하기 어려운 속성 별미된장으로 특별한 소스나 양념장으로 활용할 수 있다.

6 맥매실청 매실의 맛과 향이 농축되어 설탕 대신 넣으면 비린맛, 잡맛 등을 잡아주는 역할을 한다.

7 맥참기름 국내산 참깨를 착즙해 향과 맛이 진해서 음식의 풍미를 높여준다.

8 맥어간장 국, 탕, 찌개 등의 마지막 간을 맥어간장으로 하면 감칠맛이 더 깊어진다.

맥된장

된장은 되직한 장을 이르는데 숙성, 즉 에이징(Aging)이 가장 중요한 과정이자 된장의 정체성이다. 명인의 된장은 항아리와 자연, 미생물의 협연이 완벽해야 하기 때문에 와인이나 커피, 고기 보다도 더 까다롭다.

발효와 숙성의 화룡점정
맥된장

나는 된장에 대한 애정이 남다르다. 한국맥꾸룸의 된장을 먹어본 사람 중 99%가 칭찬을 아끼지 않기 때문일 수도 있고 모든 장의 근본이 된장에서 비롯되기 때문인지도 모른다. 된장은 만들고 익히는 모든 과정에 손이 많이 간다. 콩을 고르고 삶아서 메주를 띄우고 소금물의 염도를 맞춰 메주와 섞어서 항아리에서 잘 익히는 것까지 한 재료, 한 과정이라도 허술하게 하면 맛이 달라지기 때문이다.

콩은 청국장용보다 시간을 짧게 해서 고슬고슬하게 삶는다. 삶은 콩은 소금물에서 오랜시간 발효되어 뭉그러지기 때문에 너무 푹 삶으면 먹을 무렵엔 콩 알갱이가 하나도 남아있지 않게 된다. 삶은 콩을 으깨어 네모지게 메주를 만들고 공기층이 없도록 면보에 싸서 틀에 넣고 단단하게 다진다. 요즘엔 콩을 으깨 원하는 모양에 맞춰 굵은 가래떡 빼 듯 메주를 뽑아 메주를 빚는다. 집에서는 좀 작더라도 공기층을 최대한 줄일 수 있게 꼼꼼하게 쳐주어야 층층이 골고루 잘 뜬 메주가 된다. 메주는 습도와 온도를 잘 맞춰야 맛있게 뜬다. 습도가 너무 높으면 메주

12~16개월 이상 숙성시킨 된장의 감칠맛은 최상의 단계에 오른다. 짠맛과 단맛, 구수한 맛이 조화롭게 얽혀 어떤 음식에 넣어도 맛있다. 된장은 너무 오래 숙성하면 검어지고 수분이 증발하면서 짠맛이 올라온다.

가 채 마르기도 전에 검은 곰팡이가 퍼져서 썩거나 장 맛이 쓰다. 따뜻하면서 바람이 잘 통하는 건조한 곳, 옛날에는 군불을 지피던 방에 매달아 놓다가 겉이 마르면 볏짚으로 묶어 툇마루에 매달아 천천히 발효시켰다. 지금은 발효실에서 그 모든 과정이 이루어진다. 발효실의 온도는 30℃가 약간 넘게 유지하고 환풍기로 습도를 잘 맞춘 후 30일쯤 천천히 건조시키며 띄워 준다. 집에서는 40일 넘게 띄워야 하는데 메주의 표면이 딱딱한 돌덩이 같이 느껴질 정도가 좋다. 메주를 쪼개어 겉면의 곰팡이가 안쪽까지 골고루 떠 있는 것을 확인하면 더 좋다.

메주를 항아리에 넣고 2년 이상 간수를 뺀 소금을 물에 타서 18% 이상 염도의 소금물을 만들고, 항아리에 부어 6개월 정도 숙성시켜 간장과 분리한 후 메주와 소금물을 추가해 두번째 숙성을 시킨다. 이것이 겹된장이다. 간장으로 빠져나간 달고 구수한 감칠맛이 되살아 나면서 다시 열두달을 숙성시키고 나면 마침내 황금빛으로 물든 된장이 된다. 꽃처럼 피어오른 곰팡이를 옆으로 걷어놓고 속으로 된장을 뒤집으면 콩 모양이 먹음직스럽게 드러난다. 된장을 떠내지 않으면 항아리에서는 자연의 시간이 이어지고 된장의 숙성도 계속된다. 된장은 2년 이상 되면 색이 검어지고 짠맛이 강해진다. 최적의 숙성기간인 16개월을 맞춰야 한다.

맥된장
만들기

재료

메주콩 5㎏
물 15㎏

메주 만들기

1. 콩 분량의 3배 정도의 물을 붓고 12시간 이상 불린다. 콩이 불면 부피가 2배 이상 늘어나므로 넉넉한 그릇에서 불리는 것이 좋다.
2. 불린 콩을 가마솥이나 압력솥에 넣고 콩 부피의 20% 정도까지 올라오도록 물을 붓고 7시간 동안 푹 무르게 익혀준다.
3. 삶은 콩을 절구 등에 성기게 한번 으깬 후 메주 모양으로 네모지게 빚는다. 중간 부분을 조금 얇게 만들면 나중에 메주를 쪼갤 때 좀 더 쉽게 할 수 있다.
4. 건조하면서 따뜻한 곳에 놓아 천천히 수분을 증발시키며 건조시킨다.
5. 메주의 겉면이 살짝 딱딱해지면 바람이 통하는 시원한 곳으로 옮겨 돌덩이처럼 딱딱해질 때까지 말리며 발효시킨다.

겹된장이란?

메주에 염도를 맞춘 소금물을 부어 숙성시킨 후 간장과 된장으로 분리시킨 후 된장에 메주를 추가해 넣고 다시 숙성시켜 만드는 된장이다.

재료(작은 항아리 한개)

메주(1kg) 2덩어리

1차 소금물
소금 1kg
물 18 L

2차 소금물
소금 0.7kg
물 10 L

항아리

맥된장 만들기

1 잘 띄워진 마른 메주를 항아리의 70% 정도 높이까지 켜켜이 넣고 항아리 높이의 90% 정도가 찰 때까지 소금물을 부어준다. 날씨가 더워지면 발효가 진행되면서 장물이 끓어올라 넘칠 수 있으니 주의한다.

2 장을 담고 6개월 정도 지나면 간장과 된장을 분리한 후 된장항아리에 새로운 메주를 95%까지 채워 넣고 메주가 잠길 정도까지 소금물을 채워준다.

3 건조하고 바람이 잘 통하는 곳에 두고 2~3개월에 한번씩 곰팡이를 아래로 뒤집어 된장과 섞으며 골고루 숙성될 수 있도록 한다.

4 12개월 이상 잘 살피며 숙성시켜 촉촉하고 감칠맛 있는 겹된장을 완성한다.

대맥장의 tip

1, 2차 소금물 모두 염도계로 18% 이상이 되도록 맞춘다. 된장이 짜면 콩을 삶아 넣거나 보릿가루 등을 넣어 수정이 가능하지만 염도가 약해 쉬어버린 장은 된장도 간장도 버릴 수 밖에 없으니 염도를 정확하게 맞추거나 조금 짜게 맞춘다.

꽃게 된장 찌개

된장은 신기하게도 어떤 재료와도 잘 어울리는데, 그 중에서도 꽃게는 으뜸 중의 으뜸이다. 먹기가 좀 사나워도 바다내음과 잘 어우러진 꽃게 살과 그 틈새의 장물을 쪽쪽 빨아 먹다 보면 어느새 밥 한 그릇이 뚝딱 없어진다.

재료(2~3인분) 	무 100g, 애호박 80g, 표고버섯 20g, 양파 130g, 꽃게 200g, 두부 150g, 청고추 6g, 홍고추 6g, 대파 15g **육수** 물 800g, 무 100g, 멸치 10g, 다시마 10g **양념** 맥된장 35g, 다진 마늘 7g, 설탕 3g, 고춧가루 2g

재료 준비하기

1. 찬 물에 무와 멸치를 넣고 10분간 센불로 끓인 후 씻은 다시마를 넣어 5분간 더 끓여 준다.
2. 꽃게는 흐르는 물에 솔로 등딱지와 배, 입 주변, 다리 사이사이를 깨끗하게 씻는다. 등딱지와 몸통을 분리하고, 몸통을 뒤집어 비린내가 나지 않도록 아가미와 입 주변의 딱딱한 부분, 모래 주머니를 떼어 내고 4등분 한다.
3. 무는 사각으로 납작 썰기 하고 애호박은 납작하게 반달 썰기, 표고버섯은 꼭지를 제거하고 부채 모양으로 4조각으로 썰고, 양파는 0.5cm 정도로 채 썬다.
4. 두부는 먹기 좋은 크기로 납작썰기 하고 청고추와 홍고추, 파는 송송 썰어썰기 하여 준비한다.
5. 맥된장, 다진 마늘, 고춧가루, 설탕을 섞어 양념장을 만든다.

만들기

1. 냄비에 육수 600㎖를 넣고 끓기 시작하면 무, 애호박, 표고버섯, 양파를 순서대로 넣고 끓인다.
2. 맥된장을 넣고 푼다.
3. 다진 마늘, 고춧가루, 설탕을 넣는다.
4. 손질한 꽃게를 넣고 계속 끓인다.
5. 두부, 썰어 놓은 청양고추, 홍고추를 넣고 30초 후에 불을 끈다.

tip 꽃게는 손질이 정말 중요하다. 된장이 비린내를 삽아주기도 하지만 꽃게의 등딱지를 떼고 아가미와 모래 주머니를 제거해 주면 비린내는 거의 걱정할 필요가 없다.

냉이 된장 찌개

연하고 향이 좋은 냉이는 된장과 어울려 그 특유의 향만으로도 건강해지는것 같다. 바지락의 감칠맛과 어울리면 집밥이라는게 이런 거구나 라는 생각이 들게 하지만 바지락이 없다면 흔한 멸치 육수 만으로도 완벽하다.

재료(2~3인분)

애호박 58g, 표고버섯 20g, 바지락 7~8개 50g, 두부 150g,
냉이 80g, 홍고추 반 개 6g, 대파 15g
육수 물 800g, 무 100g, 멸치 10g, 다시마 10g
양념 맥된장 35g, 고춧가루 2g, 다진 마늘 7g, 설탕 3g

재료 준비하기

1. 찬 물에 무와 멸치를 넣고 10분간 센불로 끓인 후 씻은 다시마를 넣어 5분간 더 끓여 준다.
2. 바지락은 소금물에 30분 정도 넣어 해감한다.
3. 애호박은 납작 부채썰기, 표고버섯은 모양을 살려 슬라이스 한다.
4. 두부는 한입 크기로 썰고, 홍고추와 대파는 송송 썰어 준비한다.
5. 냉이는 뿌리를 하나씩 잡고 이물질을 깨끗하게 씻어 5cm 길이로 썬다.

만들기

1. 냄비에 육수를 넣고 끓기 시작하면 된장을 푼다.
2. 손질한 애호박, 표고버섯, 바지락 순으로 넣고 끓인다.
3. 다진 마늘, 고춧가루, 설탕을 넣고 두부를 넣는다.
4. 손질한 냉이를 넣고 30초 정도 끓인다.
5. 송송 썰어 놓은 대파와 홍고추를 넣고 30초 정도 후에 불을 끈다.

tip 초봄에 살짝 나온 냉이를 살짝 데쳐 먹기 좋은 크기로 잘라 한번 먹을 양만큼씩 소분해서 냉동해 두면 사시사철 먹을 수 있다.

시래기 된장 찌개

멸치 육수와 가장 잘 어울리는 된장 찌개로 시래기를 꼽을 수 있다. 나이 들면서 쌉싸름한 시래기를 점점더 찾게 되는 게 신기하다. 시래기 삶는 게 좀 귀찮고 힘들긴 하지만 냉동했다 여기 저기 요리에 넣어 먹으면 그 고단함을 잊곤 한다.

재료(2~3인분)

삶은 시래기 100g, 양파 130g, 표고버섯 20g, 청양고추 6g, 홍고추 6g, 대파 15g
육수 물 800g, 무 100g, 멸치 10g, 다시마 10g
양념 맥된장 35g, 고춧가루 2g, 다진 마늘 7g, 설탕 3g

재료 준비하기

1. 찬 물에 무와 멸치를 넣고 10분간 센불로 끓인 후 씻은 다시마를 넣어 5분간 더 끓여 준다.
2. 시래기는 충분히 삶아 깨끗하게 씻어 먹기 좋은 크기로 썬다.
3. 양파는 사각썰기, 표고버섯은 모양을 살려 채 썬다. 청양고추, 홍고추, 대파는 송송 썬다.

시래기 삶기

1. 마른 시래기는 푸른 잎쪽을 먼저 물에 담궈 불리고 줄기를 구부려 넣어 잠길 정도로 물을 붓고 30분 정도 팔팔 끓인다. 수분이 너무 졸아들어 시래기가 타지 않도록 주의한다.
2. 찬물 200㎖에 밀가루 한 스푼을 잘 풀어 1에 넣고 30분간 뜸을 들인다.
3. 시래기를 건져 흐르는 물에 3번 이상 씻는다.
4. 물기를 짜지 않고 소분하여 냉동실에 보관한다.

만들기

1. 냄비에 육수를 넣어 끓기 시작하면 맥된장을 푼다.
2. 손질한 양파와 표고버섯을 넣고 삶은 시래기를 넣어 끓인다.
3. 다진 마늘, 고춧가루, 설탕을 넣는다.
4. 준비해 둔 청양고추와 홍고추, 대파를 넣고 한소끔 끓인 후 불을 끈다.

___ **tip** 불을 끈 후 들깨 한큰술을 풀어 곁들여도 좋다. 들깨의 구수한 맛과 시래기의 쌉싸름한 맛의 조화가 좋기 때문이다.

갈비살 감자 된장찌개

뼈에 붙은 갈비살을 그대로 넣어 두툼한 갈비살 뼈에서 우러난 깊은 국물과 투박하게 썬 감자, 애호박, 표고버섯 등이 어우러져 영양적으로나 양적으로 든든하게 먹을 수 있는 한 끼 찌개다.

재료(2~3인분)
LA갈비 250g, 감자 150g, 표고버섯 20g, 양파 130g,
두부 150g, 애호박 80g, 대파 15g, 청양고추 6g, 홍고추 6g
육수 물 900g, 무 100g, 멸치 10g, 다시마 10g
양념 맥된장 35g, 다진 마늘 7g, 설탕 3g

재료 준비하기

1. 찬 물에 무와 멸치를 넣고 10분간 센불로 끓인 후 씻은 다시마를 넣어 5분간 더 끓여 육수를 만든다.
2. 감자와 LA 갈비를 먹기 좋은 크기로 썬다.
3. 양파는 사각 썰기, 표고버섯과 두부는 큼직하게 썰어 식감을 살릴 수 있게 준비한다.
4. 청양고추, 홍고추, 대파를 송송 썰어 놓는다.

만들기

1. 냄비에 육수를 넣고 끓기 시작하면 맥된장을 넣는다.
2. 썰어 놓은 LA갈비와 감자를 넣어 간이 배도록 충분히 끓여 준다.
3. 양파, 표고버섯, 두부 순으로 넣어 계속 끓인다.
4. 다진 마늘과 설탕을 넣는다.
5. 청양고추, 홍고추, 파를 넣고 30초 후에 불을 끈다.

tip 크기에 따라 차이가 있지만 감자와 소고기를 넣고 10분 이상 끓인 후 다른 재료들을 넣어 주어야 한다. 다른 찌개에 비해 조금 더 오래 끓이면서 고기 맛을 우려내기 때문에 육수를 넉넉하게 붓는 것이 좋다.

감자탕

걸쭉하면서 칼칼한 맛의 감자탕은 뼈채로 삶기 때문에 조리시간이 길지만
가격 대비 푸짐하게 먹을 수 있는 요리이다. 고추장을 넣기도 하지만
된장과 고춧가루 만으로 조리해도 웬만한 식당 맛보다 낫다.

재료(2~3인분)

등뼈 1300g, 작은 감자 300g, 양파 130g,
삶은 시래기 100g, 육수 2ℓ, 들깨가루 6g
육수 물 잠길만큼, 생강 20g, 대파 15g, 통후추 8개, 월계수잎 3장
양념 맥된장 80g, 고춧가루 8g, 맥조선간장 40g, 다진 마늘 30g, 설탕 10g

재료 준비하기

1. 커다란 냄비에 돼지등뼈가 잠길 정도의 물을 붓고
   대파, 생강, 월계수, 통후추를 넣고 20분간 끓여 준다.
2. 맥된장, 고춧가루, 다진 마늘, 설탕, 맥조선간장을 넣고
   양념장을 만든다.
3. 양파를 조금 굵게 채썰고, 감자는 껍질을 벗긴 후
   크기가 큰 것은 반으로 잘라 놓는다.
4. 삶은 시래기를 먹기 좋은 크기로 썰어 놓는다.

만들기

1. 삶은 돼지 등뼈를 건져 찬물에 씻는다.
2. 냄비에 돼지 등뼈, 양파, 감자를 넣는다.
3. 2에 된장 양념을 섞고 육수를 부어 한 시간 정도 푹 끓인다.
4. 맥조선간장, 물을 넣어 간을 맞추고 들깨가루를 넣어 마무리 한다.

tip 돼지고기를 처음 끓인 후 찬물에 씻어야 기름기와 냄새를 줄일 수 있다.
초벌 삶기에서 너무 오래 끓이면 찬물에 씻어낼 때 맛있는 부위가 떨어져 나가므로
적당하게 삶아야 한다.

된장 볶음면

도톰한 파스타면에 돼지고기와 채소를 넣고, 된장소스를 부어 먹는 면요리다.
올리브유와 의외로 잘 어울리는 된장의 맛을 경험해 볼 수 있다.

재료(2~3인분)

파스타면 180g, 다진 돼지고기 120g, 호박 80g, 양파 130g, 당근 50g
양념 맥된장 40g, 올리브유 6g, 마늘 15g, 설탕 8g, 전분 7g,
 육수용 물 120㎖, 전분용 물 80㎖

재료 준비하기

1. 기름이 적은 부위의 돼지고기를 준비하여 다져 놓는다.
2. 마늘을 편 썰기 한다.
3. 당근, 주키니호박, 양파를 비슷한 크기로 부채썰기 또는 네모썰기 한다.
4. 고명으로 사용할 쪽파는 한 뿌리 정도 1cm 크기로 어슷 썬다.

만들기

1. 파스타 면을 삶아 올리브유 한 큰술을 넣어 비벼 놓는다.
2. 달군 프라이팬에 올리브유를 두르고 마늘을 넣어 볶다가 다진 돼지고기를 넣고 볶는다.
3. 2에 육수용 물을 붓고,
4. 당근, 주키니 호박, 양파, 설탕, 된장을 순서대로 넣고 볶는다.
5. 전분용 물에 전분을 풀어 4에 붓고 소스를 완성한다
6. 접시에 파스타면을 담고 5의 소스를 부어 준다.
7. 준비된 쪽파를 고명으로 뿌려 준다.

tip 중화면을 삶아 짜장 형식으로 먹어도 좋다. 이때는 식용유를 쓰는 것이 더 잘 어울린다.

된장 스테이크

부드러운 소고기 채끝등심을 된장 소스에 재어 버터에 구워낸 스테이크다.
맥된장으로 만든 소스의 짭짜름한 감칠맛과 마늘 버터의 고소함까지
육즙 가득 스테이크는 특별한 날 요리로 내놓기 좋다.

재료(2~3인분)

채끝 소고기 180g 2개, 양송이 1개, 양상추 4잎, 로즈마리 2줄기,
아스파라거스 6줄기, 샬롯 2개, 무염 버터 30g
양념 맥된장 40g, 올리브오일 80g, 다진 마늘 10g, 후추 한 꼬집
드레싱 맥조선간장 10g, 설탕 5g, 물엿 5g, 맥솔잎식초 5g, 올리브유 3g

재료 준비하기

1 올리브유에 된장을 2:1 비율로 혼합하고 다진 마늘과 후추를 넣어
   골고루 섞어 된장올리브유소스를 만든다.
2 양송이 버섯과 샬롯은 반으로 잘라 모양을 살려 주고
   아스파라거스는 질긴 끝부분을 연필 다듬 듯 살짝 벗겨 낸다.
3 양상추는 먹기 좋은 크기로 찢어 찬물에 담가 놓는다.
4 맥조선간장, 설탕, 물엿, 맥솔잎식초, 올리브유를 섞어
   샐러드 드레싱을 만든다.

만들기

1 스테이크용 채끝 소고기에 된장올리브유소스를 바르고
   로즈마리를 올려 30분간 재워 둔다.
2 달궈진 팬에 버터를 녹이고 재워둔 소고기를 튀기듯 굽는다.
   이때 아스파라거스와 양송이 샬롯을 팬 귀퉁에 놓는다.
3 프라이팬 위의 가열된 버터를 스테이크 테두리에
   숟가락으로 부어주며 익혀 마무리 한다.
4 가니쉬를 프라이팬에서 꺼내 접시에 플레이팅 한다.
5 양상추에 간장드레싱을 뿌려 살살 버무려 접시에 담고
   요리된 스테이크를 마지막에 올린다.

된장 수육

된장은 고기 잡내를 없애는데 꼭 필요하다. 돼지고기뿐만 아니라 냄새가 강한 고기에 된장을 곁들이거나 함께 삶아 주면 좋다. 수육에 김치와 맛된장을 곁들이면 훌륭한 일품요리가 된다.

재료(2~3인분)

통삼겹 1kg

육수 물 2.4ℓ, 맥된장 100g, 양파 260g, 통마늘 5g, 마른황기 20g, 청주 100㎖, 대파 45g, 생강 6g, 다시마 10g, 월계수잎 5장, 통후추 5개

재료 준비하기

1. 통삼겹을 키친타월로 꾹꾹 눌러 핏물을 제거한다.
2. 양파, 통마늘, 마른 황기, 대파, 생강, 다시마를 통으로 깨끗이 씻는다.

만들기

1. 넉넉한 크기의 냄비를 준비해 통삼겹을 넣는다.
2. 마른황기, 월계수잎, 생강, 마늘, 대파, 청주, 다시마를 넣고 재료가 잠길 정도로 물을 부어준다.
3. 맥된장을 푼다.
4. 한 시간 정도 푹 삶아준다.
5. 먹기 편한 크기로 썰어준다.

tip 된장과 맥간장을 넣고 삶으면 돼지고기 냄새도 줄고, 고기의 색도 은근한 갈색빛을 띤다. 조금 더 먹음직스러운 갈색을 원한다면 커피가루를 한큰술 넣어 준다.

맛된장

각종 채소와 함께 쌈장으로 먹거나 나물 등을 무칠 때 양념으로 사용해도 된다.
호박과 두부를 숭덩숭덩 썰어 넣고 빡빡하게 찌개로 끓여 먹어도 맛있다.
맥된장에 감칠맛을 더하는 재료들을 추가한 맛된장은 다양한 요리에
활용할 수 있다.

재료(2~3인분)

맥된장 60g, 맥찹쌀고추장 20g, 고춧가루 1g, 설탕 12g,
멸치가루 1g, 새우가루 1g, 청주 12g

재료 준비하기

1. 각각의 재료를 계량하여 덜어 놓는다.

만들기

1. 맥된장, 맥찹쌀고추장, 고춧가루를 차례로 넣는다.
2. 설탕, 멸치가루, 새우가루를 더하고
   청주를 넣어 농도를 조절한다.
3. 다진 마늘과 참기름을 넣으면 맛은 있지만 보관기간이 짧아지므로
   먹기 직전에 조금씩 넣어 다시 버무려 준다.

__ **tip** 먹기 직전 다진 마늘만 넣어 먹어도 좋다. 마늘을 미리 넣으면 마늘의 수분때문에
맛이 변할 수 있으니 주의하자.

맥
간
장

된장에서 뜬 간장은 끓이지 않고 은근하게 다린 후 항아리에 옮겨담아 다시 숙성의 시간을 보낸다. 숙성이 계속되도록 미생물을 남겨두기 위해서다. 메주에서 우러난 콩의 감칠맛은 항아리에서 숙성되는 동안 더 진하고 단맛으로 변한다. 숙성의 신비다.

짠맛 뒤의 은근한 단맛
맥간장

된장과 간장은 그 뿌리가 같다. 메주에 소금물을 넣고 4~6개월 후에 간장을 떠낸다. 메주의 양을 많이 넣거나 숙성기간이 길면 맛이 진하고 깊다. 작은 항아리에 큰 메주를 넣으면 틈이 많이 생겨 간장맛이 연하고, 숙성기간이 3~4개월로 짧으면 그 맛이 얕다. 맥간장은 메주를 틈없이 차곡차곡 넣고 6개월 이상 넉넉하게 숙성한 후 뜬다. 한 여름 땀이 비 오듯 흐르는 땀을 닦으며 떠낸 간장의 맛은 달고 맑고 깊다. 떠낸 간장을 항아리에 넣고 다시 숙성의 시간에 들어간다.

간장은 조선간장, 한식간장, 국간장 등 여러 이름으로 불린다. 나는 단연코 한식간장이란 말을 좋아한다. 일본의 간장을 '왜간장'으로 부르면서 덩달아 이름 붙은 '조선간장'이란 이름이나 국요리에 한정된 것 같은 '국간장' 보다는 '한식간장'이란 명칭이 좋다. 한식간장은 한식요리의 간을 맞추고 감칠맛과 영양을 더해주는 귀한 부식재료다.

한식간장은 담그는 시기에 따라 염도를 달리하고, 숙성기간에 따라 짠맛과 단맛의 정도, 빛깔과 향이 다르고 쓰이는 음식의 품목도 달라진다.

발효와 숙성이 잘된 장은 콩의 단백질이 잘게 쪼개지고 또 쪼개져 단맛과 감칠맛으로 변하는데 그것이 맥간장의 비법이다. 짠맛과 단맛이 어우러져 내는 자연적인 감칠맛이다.

숙성기간이 1년 정도 되는 간장은 청장(淸醬)이라고 하는데 엷은 색과 귤색의 중간 색을 띤다. 짠맛 뒤에 은근한 단맛이 조화롭게 뒤섞여 국, 나물 등 제 빛을 내야 하는 음식에 사용한다. 2년 이상 숙성된 진장(陣醬) 또는 진간장(陳艮醬)은 진한 갈색을 띠면서 짠맛과 단맛의 조화가 더 도드라진다. 문헌에는 5년 이상 묵혀야 한다고 하지만 요즘엔 2년 정도가 맛과 색이 가장 좋다. 찌개, 구이, 조림, 찜을 비롯해 약식이나 전복초 같이 진한 빛을 내야 하는 음식에 사용해 맛의 깊이를 더해 준다.

그 중간에 중간장, 그리고 진장보다 더 오랜기간 숙성시켜 빛이 검고 짠맛과 단맛이 더 오른 씨간장이 있다. 씨간장의 역사와 귀함을 알게 되면서 오래 묵은 간장이 좋은 것이라고 단정짓는데, 청장과 진장처럼 음식에 맞춰 사용하는 것이 간장을 제대로 사용하는 방법이다.

맥간장은 2년 이상 숙성된 진간장을 상품화 한다. 숙성이 잘 돼 아미노산 함량이 높고 짠맛과 단맛이 동시에 나는 자연적인 감칠맛이 훌륭하다. 게다가 색의 농도가 과하지 않아 국, 나물부터 조림, 찜까지 여러 음식에 두루 사용할 수 있다. 맥간장이 가장 아쉬운 점은 항아리에서 금방 떠낸 생간장이 아니라 70~80°C의 온도에서 은근하게 달여서 상품화해야 한다는 것이다. 생간장은 숙성이 계속되기 때문에 닫힌 용기에 보관하면 가스로 인해 뚜껑이 '뻥'하고 터지기 때문이다.

맥간장 만들기

재료

메주 4㎏

소금물

소금 1.2㎏
물 19L

항아리
메주 4덩어리(1덩어리 =
약 1,400g(총 5,770g))
* 메주의 건조상태에 따라서
g수가 줄어들 수 있음.
- 소금 4바가지
(1바가지 = 1,800g)
- 물24L(2리터 패트병 12개)

만들기

1 잘 띄워진 마른 메주를 항아리의 70% 정도 높이까지 켜켜이 채워준다.

2 항아리 높이의 90% 정도가 찰 때까지 소금물을 부어준다. 날씨가 더워지면 발효가 진행되면서 장물이 끓어올라 넘칠 수 있으니 주의해야 한다.

3 정월에 장을 담으면 한여름을 지나며 발효와 숙성이 진행된다. 6개월 정도 되면 간장을 떠서 항아리에 옮겨준다.

4 1년 이상 숙성시켜 색과 맛이 깊은 맥된장을 완성한다.

대맥장의 tip
떠낸 간장을 숙성시킬 때는 된장처럼 위 아래로 뒤집지 않아도 된다.

콩나물 무침

간장과 고춧가루로 양념한 빨간 콩나물 무침은 마땅한 반찬이 없을 때 쉽게 요리해 먹을 수 있는 밥반찬이다. 고춧가루 없이 하얗게 무쳐도 아삭하고 고소한 맛을 느낄 수 있으니 취향에 맞게 요리해 보자.

재료(2~3인분)

콩나물 350g, 끓임용 물 800㎖, 헹굼용 찬물 1000㎖
양념 다진 마늘 14g, 대파 10g, 고춧가루 6g, 맥조선간장 16g, 맥참기름 4g, 통깨 1g

재료 준비하기

1. 콩나물을 삶을 물과 콩나물을 헹굴 찬물을 따로 준비한다.
2. 대파는 잘게 썰어 놓는다.

만들기

1. 냄비에 콩나물을 넣고 1/2 정도 잠길만큼 물을 붓고 뚜껑을 덮는다.
2. 센불에서 6분 정도 끓이다고 뚜껑을 열고 삶아진 정도를 확인한다.
3. 잘 삶아진 콩나물을 체에 받쳐 찬물에 담가 식힌다.
4. 그릇에 물기를 짠 콩나물을 담고 다진 마늘과 대파, 고춧가루, 맥간장을 넣어 조물조물 무친다.
4. 맥참기름과 참깨를 추가해 살살 버무린다.

> **tip** 콩나물을 삶을 때는 콩나물이 1/2 정도 잠기도록 물을 부어야 아삭한 식감을 살릴 수 있고 뚜껑을 덮고 삶을 때 물 넘침이 없다.

청양고추 깻잎 절임

달콤 짭짤 새콤한 맛과 깻잎의 쌉싸름한 향, 청양고추의 매운 맛까지 곁들여 입맛을 돋구며 기름기가 많은 음식과 잘 어울리는 찬이다. 특히 청양고추 절임은 냉면과 곁들여도 좋다. 만들기도 어렵지 않아 추천해 본다.

재료(2~3인분)

깻잎(20장) 34g, 청양고추 50g

절임물 맥조선간장 136g, 설탕 136g, 맥솔잎식초 136g, 사과 1/2개, 배 1/4개, 물 90g

재료 준비하기

1. 사과와 배는 맛이 잘 우러나게 썰어 놓는다.
2. 맥조선간장과 설탕, 맥솔잎식초, 사과, 배 조각을 넣고 물을 넣은 후 3~4분 정도 센불에서 저어가며 끓여서 절임물을 만든다. 설탕이 다 녹으면 불을 끈다.
3. 절임물을 충분히 식혀 준 후 사과와 배를 건져 낸다.
4. 청양고추는 포크로 콕콕 찍어 구멍을 낸다.

만들기

1. 그릇에 깻잎과 청양고추를 넣고 만들어 둔 절임물을 식혀서 붓는다.
2. 하루 정도 밖에 두었다가 아래 위를 한번 뒤집어 하루 더 숙성한다.
3. 냉장 보관해서 차갑게 먹으면 더 맛있다.

tip 청양고추를 양쪽으로 한번 씩 찔러 구멍을 내주면 양념이 골고루 배어 맛이 좋다. 남은 양념은 고기 등을 찍어 먹어도 맛있다.

전복
미역국

미역국에는 맥조선간장이 잘 어울린다. 꼬들꼬들한 맛의 전복을 넣으면 좀 더 특별한 미역국이 된다. 다이어트나 해장으로도 좋은 국이라 슴슴하게 끓여 밥 없이 전복미역국만 먹어도 좋다.

재료(2~3인분)

전복(3마리) 180g, 미역 18g
육수 물 800g, 무 100g, 멸치 10g, 다시마 10g
양념 맥조선간장 21g, 마늘 7g, 참기름 4g

재료 준비하기

1. 찬 물에 무와 멸치를 넣고 10분간 센불로 끓인 후 씻은 다시마를 넣어 5분간 더 끓여 준다.
2. 미역을 한번 씻은 후 물에 담가 불린 후 물기를 짜 준다.
3. 마늘은 칼등으로 눌러 부서뜨려 다져준다.
4. 손질 된 전복을 끓는 물에 살짝 데쳐 준다.
5. 데친 전복은 뒷부분에서 부터 숟가락으로 걷어내 내장을 떼고 전복 살만 채썰어 둔다.

만들기

1. 약한 불에 냄비를 올리고 참기름을 둘러 불린 미역을 볶아준다.
2. 다진 마늘과 전복 살을 넣어 한번 더 볶아 준다.
3. 육수를 부어 끓여 준다.
4. 맥조선간장으로 간을 한다.

— tip 요리의 마지막에 들깨가루 한 큰술을 넣으면 구수한 맛을 낼 수 있다. 전복은 뜨거운 물에 넣었다 빼는 정도로 가볍게 데쳐준다. 물에 데친 전복은 껍질과 분리하기가 한결 수월하다. 해산물요리에 맥어간장을 넣으면 감칠맛이 더해진다.

도라지 오이 무침

쌉싸름한 도라지와 꼬들꼬들한 오이를 함께 무쳐 상큼하게 먹을 수 있는 반찬이다. 간장과 고춧가루로 양념하면 고추장으로 양념한 것보다 깔끔하게 먹을 수 있다.

재료(2~3인분)

도라지채 200g, 오이 160g
도라지 채 절임용 설탕 30g **오이절임용** 소금 4g
양념 맥솔잎식초 22g, 물엿 22g, 맥매실청 7g, 다진 마늘 7g, 가는 고춧가루 10g, 맥조선간장 8g, 통깨 한 꼬집

재료 준비하기

1 채썬 도라지를 물에 헹군 후 설탕을 넣고 1시간 가량 절여둔다.
2 오이는 반달로 어슷썰기 하여 소금에 1시간 정도 절인다.
3 절여진 도라지채와 오이채의 물기를 짠다.

만들기

1 도라지채와 오이채에 다진 마늘, 고춧가루, 맥조선간장, 맥매실청, 물엿을 넣고 조물조물 무친다.
2 먹음직스럽게 접시에 올리고 통깨로 마무리 한다.

___ **tip** 오이는 껍집을 벗기지 않고 깨끗이 씻어 가시 부분만 살짝 칼로 없애 주어야 요리 후에 보기 좋고 식감도 좋다. 이 요리는 절이는 것만 잘해도 반은 성공이다. 도라지는 설탕, 오이는 소금으로만 절이고 오이의 양은 도라지의 양보다 적게 해야 도라지의 쌉쌀한 맛을 느낄 수 있다.

새우 마늘쫑 볶음

마늘쫑은 살짝 데쳐서 볶으면 아삭한 맛이 좋고, 보관도 오래할 수 있어 유용한 반찬류다. 어묵, 멸치 등 다양한 재료와 볶아도 좋지만 짭조름하고 바삭한 마른새우를 넣어 윤기있게 볶아내면 좋다.

재료(2~3인분)

마늘쫑 300g, 건새우 80g
양념 식용유 6g, 다진 마늘 7g, 설탕 4g, 맥조선간장 11g, 물엿 8g, 맥참기름 4g

재료 준비하기

1. 마늘쫑은 먹기 편하게 5cm 정도 길이로 자른다.
2. 자른 마늘쫑을 중앙의 심지가 살아있도록 끓는 물에 살짝 데친다.

만들기

1. 반쯤 달궈진 프라이팬에 식용유를 두른다.
2. 다진 마늘을 넣고 볶아 식용유에 마늘 향을 골고루 입힌다.
3. 물기를 제거한 마늘쫑과 설탕을 넣고 볶는다.
4. 맥조선간장으로 간을 한다.
5. 물엿을 넣은 후 건새우를 넣고 짧게 볶아준다.
6. 맥참기름으로 고소한 향을 입혀 준다.

tip 건새우는 마른 상태이고 짠맛이 있기 때문에 마늘쫑보다 먼저 넣으면 안된다. 때문에 마늘쫑을 양념에 볶고 난 후 건새우를 넣고 볶아야 한다.

육개장

조리시간이 2시간 가까이 필요해서 한번 먹는 양으로 만들기는 아쉬운 요리다. 맘먹고 신경 써서 요리하면 밖에서 먹는 것보다 더 맛있고 건더기도 넉넉히 넣어 먹을 수 있다. 또한 맥조선간장이나 맥어간장으로 간을 하면 감칠맛이 더 좋다.

재료(2~3인분)

소고기 양지 300g, 삶은 고사리 100g, 삶은 토란대 100g, 숙주 300g, 느타리버섯 100g, 청고추 12g, 홍고추 12g, 대파 110g

양념 다진 마늘 30g, 맥조선간장 42g, 고춧가루 9g, 다진 생강 5g, 맥어간장 21g

재료 준비하기

1. 핏물을 뺀 소고기 양지를 끓는 물에 넣고 한번 삶아 준다. 고기를 건져 내고 끓은 물은 육수로 따로 놓아둔다.
2. 삶은 토란대와 고사리에 맥조선간장, 다진 마늘, 고춧가루, 다진 생강, 맥어간장을 넣고 버무려 준다.
3. 숙주를 씻어 준비하고 느타리버섯은 가닥 가닥 찢어 놓는다.
4. 대파는 느타리버섯 크기로 가늘고 길게 썰고 청고추, 홍고추는 어슷썬다.
5. 식은 양지를 손으로 잘게 찢는다.

건토란대 삶기

1. 건토란대를 따뜻한 물에 30분간 불렸다가 흐르는 물에 헹군다.
2. 끓는 물에 5분간 삶은 다음 흐르는 물에 3번 이상 헹군다.
3. 쌀뜨물이나 밀가루 한큰술을 풀은 물에 6시간 정도 담가놓으면 풋내가 없어지고 식감도 부드러워진다.
4. 물기를 짜지 않고 소분하여 냉동 보관해 놓는다.

만들기

1. 냄비에 육수를 붓고 버무려 놓은 토란대와 고사리를 넣는다.
2. 숙주, 느타리 버섯, 대파, 찢은 양지를 넣고 끓인다.
3. 맥어간장 또는 맥조선간장을 넣어 간을 조절한다.
4. 어슷 썬 청고추와 홍고추를 넣고 한소끔 끓인 후 불을 끈다.

tip 육수를 따로 내지 않고 양지 끓인 육수를 그대로 사용한다. 육수 낼 때 큼직하게 썬 무를 같이 넣어 끓이고 양지와 같이 건져내면 시원한 맛이 좋다. 식당에서 많이 쓰는 고추기름 보다 맑게 뜨는 양지기름은 자연스러운 고소함이 느껴진다.

소불고기

잔칫상에 빠지지 않는 국민 음식인 소불고기는 남녀 노소가 좋아 하는 메뉴이다. 과일을 갈아 넣으면 연육작용뿐 아니라 짠맛과 단맛의 조화를 부드럽게 한다. 미리 재워 두었다 프라이팬에 살짝 볶으면 메인 요리로 손색이 없다.

재료(2~3인분)

소고기 300g, 양파 100g, 대파 20g, 후추 두꼬집, 참깨 약간
양념 배즙 150g, 사과즙 75g, 마늘 12g, 다진 생강 1g, 물엿 40g, 맥조선간장 40g, 맥매실청 10g, 맥참기름 3g, 식용유 2g

재료 준비하기

1. 얇게 썬 소고기 등심을 먹기 좋은 크기로 자른다.
2. 배 반 개와 사과 반 개를 조각으로 잘라 믹서로 갈아 준다.
3. 소스 그릇에 갈아 놓은 배와 사과를 넣고 다진 마늘, 약간의 생강을 넣는다.
4. 물엿으로 단맛을 더한다.
5. 맥조선간장으로 간을 하고 맥매실청과 맥참기름을 넣어 소스를 만든다.
6. 양파는 채썰어 놓는다.
7. 파는 가늘게 채썰어 파채를 만들고 30분 정도 찬물에 담가 매운 맛을 빼주면서 모양을 만들고 아삭한 식감을 살린다.

만들기

1. 소고기에 양념장을 부어 가볍게 무쳐 10분 이상 재워 둔다.
2. 달군 프라이팬에 식용유를 넣고 양파를 볶아준다.
3. 재워놓은 소고기를 같이 넣고 볶는다.
4. 볶은 고기를 접시에 담고 파채를 올려 준다.
5. 참깨를 뿌려 낸다.

___ **tip** 물엿 대신 설탕으로 대체할 경우 물엿 40g 대신 설탕 24g으로 넣어 준다.

황태 콩나물 국

황태콩나물국은 황태, 콩나물, 무, 양파, 달걀이 공식처럼 되어있지만
넉넉한 양의 황태채와 콩나물만으로도 충분하게 시원한 맛이 난다.
깔끔하고 맑게 끓인 황태콩나물국을 만들어 보자.

재료(2~3인분)

황태채 50g, 콩나물국 150g, 대파 15g, 홍고추 6g
육수 물 800g, 무 100g, 멸치 10g, 다시마 10g
양념 맥조선간장 14g, 맥어간장 7g, 다진 마늘 7g, 후추 두 꼬집

재료 준비하기

1. 찬 물에 무와 멸치를 넣고 10분간 센불로 끓인 후 씻은 다시마를 넣어 5분간 더 끓여 육수를 만든다.
2. 황태채는 너무 큰 것은 찢어주거나 가위로 잘라 먹기 좋은 크기로 준비하고, 콩나물은 머리와 꼬리를 다듬은 후 살살 씻어서 체에 받쳐 물기를 뺀다.
3. 대파와 홍고추는 어슷 썰기 한다.

만들기

1. 황태채를 달군 프라이팬에 볶아 수분과 비린내를 제거한다.
2. 냄비에 황태채를 넣고 육수를 부어 끓인다.
3. 황태채가 부들 부들해지면 콩나물을 넣고 뚜껑을 덮어 콩나물이 익을 때 까지 중간불로 끓인다.
4. 다진 마늘을 넣고 한소끔 끓인다.
5. 맥조선간장과 맥어간장을 넣어 간을 한다.
6. 어슷썰기한 대파와 홍고추를 넣어 잠시 후 불을 끈다.
7. 후추를 한꼬집 넣어 준다.

tip 콩나물은 비린내가 나지 않도록 5분 정도 뚜껑을 덮어 끓이는데, 너무 작은 냄비는 국물이 넘칠 수 있으니 처음부터 조금 넉넉한 냄비를 준비해야 한다.
취향에 따라 수란을 곁들인다.

소고기 무국

날씨가 쌀쌀해지면 따끈하고 부드러운 소고기무국이 제격이다.
조리법이 간단해서 고민하지 않고 후다닥 끓여서 따끈한 밥 한그릇과 함께 먹으면 더할 수 없이 훌륭한 한 끼 식사가 된다.

재료(2~3인분)

소고기 양지 100g, 무 150g, 대파 15g, 홍고추 6g
육수 물 800g, 무 100g, 멸치 10g, 다시마 10g
양념 맥참기름 4g, 다진 마늘 7g, 맥조선간장 18g, 후추 한 꼬집

재료 준비하기

1. 찬 물에 무와 멸치를 넣고 10분간 센불로 끓인 후 씻은 다시마를 넣어 5분간 더 끓여 육수를 만든다.
2. 무를 사방 2~3cm 크기, 0.5cm 두께로 납작 사각 썰기 한다.
3. 마늘을 칼등으로 부숴뜨린 후 잘게 다져준다.
4. 대파와 홍고추를 어슷썰기 한다.
5. 양지 소고기를 키친타월로 꾹꾹 눌러 핏물을 제거하고 먹기 좋은 크기로 썬다.

만들기

1. 중간 불로 살짝 데운 냄비에 맥참기름을 두르고 소고기를 볶는다.
2. 다진 마늘을 넣고 같이 볶아 준다.
3. 썰어 놓은 무와 육수를 넣어 센불에서 무가 투명해질 때까지 끓인다.
4. 맥조선간장으로 간을 한다.
5. 대파와 홍고추를 넣고 한소끔 끓인 후 후추를 한꼬집 넣고 불을 끈다.

tip 맥조선간장과 맥어간장으로 간을 하면 붉은 갈색톤이 나지만 맛은 소금간 보다 감칠맛이 더 좋다. 고기와 무에서 우러난 맛으로도 충분히 맛있으니 육수를 따로 내지 않아도 된다.

오이미역냉국

오이미역냉국은 입맛 없는 여름에 입맛을 돋워준다. 신선한 오이와 미역만 있으면 뚝딱 만들 수 있는 간단한 레시피도 장점이다. 육수를 만들어 냉장고에 넣어 두고 필요할 때 부어서 사용하면 손쉽게 만들 수 있다.

재료(2~3인분)

오이 70g, 건미역 6g, 홍고추 12g, 얼음 10알, 멸치육수 200㎖
양념 다진 마늘 8g, 설탕 2g, 맥조선간장 10g, 맥솔잎식초 6g, 맥매실청 6g, 맥참기름 2g, 참깨 2g

재료 준비하기

1. 냄비에 물을 붓고 멸치만을 넣어 5분 정도 끓인 후 식혀 육수를 만든다.
2. 건미역을 찬물에 한번 헹궈 물에 불린다.
3. 오이는 껍질을 벗겨 어슷썰기 한 후 채썬다.
4. 홍고추를 얇게 어슷썰기 한다.

만들기

1. 깊은 볼에 불린 미역과 채 썬 오이, 다진 마늘을 넣는다.
2. 설탕을 넣고 맥조선간장으로 간을 한다.
3. 맥매실청과 맥솔잎식초를 넣어 상큼함을 살린다.
4. 맥참기름과 참깨를 넣어 고소함을 더한다.
5. 식혀 놓은 육수를 넣고 얼음을 띄운 후 썰어놓은 홍고추를 올린다.

___ **tip** 얼음을 띄워 시원하게 먹을 때는 간을 조금 강하게 한다.
또한 미역은 불리면 양이 7~8배로 늘어나니 먹을만큼 적당하게 불려 준비한다.

무말랭이 무침

무말랭이는 경북 북쪽의 안동에서는 곤짠지로, 경북 남쪽의 청송에서는 오그락지로 부른다. 무말랭이에 고춧잎을 조금 넣고 찹쌀풀에 양념을 섞어 무치는데, 무말랭이의 쫄깃함과 매콤달콤한 맛으로 자주 만들어 먹게 된다.

재료(2~3인분)

무말랭이 200g, 말린 고춧잎 10g, 참깨 3g
찹쌀풀 물 100g, 찹쌀가루 10g
양념 찹쌀가루 85g, 고춧가루 54g, 다진 마늘 38g, 다진 생강 8g, 물엿 200g, 맥조선간장 35g, 맥어간장 55g, 설탕 10g

재료 준비하기

1. 찬물에 찹쌀가루를 넣고 잘 저어 준다.
2. 찹쌀 물을 1분 30초 동안 약한 불로 저어가며 찹쌀 풀을 쑨다.
3. 말린 고춧잎은 끓는 물에 30초 정도 살짝 데쳐 준다.
4. 무말랭이는 20분간 찬물에 불려 준 후 물기를 짜 준다.
5. 고춧가루, 다진 마늘, 다진 생강, 설탕, 찹쌀풀, 물엿, 맥조선간장, 맥어간장을 섞어서 양념을 만들어 준다.

만들기

1. 불린 무말랭이와 데친 고춧잎, 양념을 함께 넣고 조물조물 무친다.
2. 완성된 무말랭이에 참깨를 올려 준다.

— **tip** 무말랭이는 30분 정도만 불려 양념하는 것이 좋다. 너무 오래 물에 불리면 양념을 한 후 물기가 다시 생겨 간이 약해지고 식감 또한 물컹거린다. 찹쌀풀을 섞는 이유는 양념이 무말랭이에 착 달라붙어서 더 맛있게 먹을 수 있다.

맥찹쌀고추장

색이 곱고 다채로운 맛의 고추장은 전통장류 중에서도 가장 신비한 장에 속한다. 맥찹쌀고추장은 엿기름을 넣지 않고 찹쌀밥을 천일염수에 천천히 발효시켜 은근한 단맛을 우려낸 후 메줏가루, 고춧가루, 조청을 넣고 버무려 항아리에서 6개월 이상 숙성시켜야 깊은 감칠맛이 난다.

쫀득하고 매콤한
맥찹쌀고추장

고추장은 매운 맛, 깊은 단맛, 짠맛, 쓴맛, 새콤한 맛이 한꺼번에 나는 참 신비로운 장이다. 세계의 어떤 소스보다 다채로운 맛을 느낄 수 있으니 외국의 셰프들이나 미식가들이 고추장에 남다른 관심을 기울이는 것도 당연하다.

맥찹쌀고추장은 일반 고추장과는 다른 3가지 특별한 점이 있다. 첫째는 엿기름을 넣지 않는 것이고 둘째는 메줏가루의 비율, 셋째는 숙성 기간을 철저하게 지키는 것이다.

내가 처음 시어머니와 집에서 만들던 고추장은 찹쌀밥에 엿기름을 불린 물을 섞어 은근하게 삭히고 체에 걸러낸 물에 소금, 메줏가루, 고춧가루, 조청을 넣고 버무린 후 항아리에서 숙성시켰다. 그런데 예쁜 유리병에 넣어 백화점에 진열해 놓으면 뚜껑 사이로 장물이 흘러 넘쳤다. 재료나 숙성기간을 변경해도 마찬가지였다. 숙성기간이 8개월 이상이 되면 좀 나았지만, 그러면 붉은 색이 갈색으로 변하고 농도가 뻑뻑해졌다. 상품성이 없었다. 오랜시간 고민과 연구끝에 원인이 엿기름이란 걸 밝혀냈다. 원래 엿기름은 찹쌀밥을 빠른 시간내에 충분히 숙성시켜 주기 위한 목적인데 찹쌀밥을 숙성시킨 이후에도 엿기름이 계속 발효되면서 장물이 끓어 넘치게 된 것이다.

나는 엿기름 대신 된장처럼 천일염수를 이용하기로 했다. 우선 고슬고슬하게 지은 찹쌀밥을 건조해 염도를 18%로 맞춘 소금물에서 6개월 이상 1차 발효를 시킨다. 이렇게 숙성시킨 찹쌀밥 발효물은 건더기가 남지않을 만큼 삭아서 자연적 단맛은 물론 찹쌀밥 100%를 모두 사용할 수 있다.

1차 발효시킨 찹쌀밥 발효물에 메줏가루, 고춧가루, 조청을 섞어 버무려 항아리에 넣고 6개월 정도 2차 숙성을 시킨다. 이때 중요한 것이 메줏가루의 함량이다. 메줏가루가 적게 들어가면 구수한 맛이 없고 너무 많이 들어가면 검게 변해서 아무리 빛 고운 고춧가루를 써도 수정이 불가능하다.

이렇게 까다롭게 2번의 숙성기간을 거친 맥찹쌀고추장은 색과 맛이 더할 수 없이 좋다. 짙고 고운 붉은 색에 매콤하고 짭짤하고 달고 새콤하게 깊은 감칠맛이 도드라진다. 한여름 뜨거운 햇볕만 쬐지 않으면 장물이 끓어 넘치는 일도 없다. 예쁜 유리병에 담겨 백화점 진열대에 깨끗하게 놓일 수도 있게 됐다.

맥찹쌀고추장 만들기

재료

1차 발효
찹쌀 1kg
천일염수 4kg
(소금 1kg : 물 3L)

2차 발효
고춧가루 2kg
조청 2L
메주가루 1kg
천일염수 2.5kg
(소금 0.5kg : 물 2L)

만들기

1 찹쌀을 깨끗이 씻어 건진 후 솥이나 압력솥에 넣고 물을 부어 고슬고슬하게 밥을 짓는다.

2 찹쌀밥을 채반에 널어 바람이 잘 통하는 곳에서 밥알이 꼬들꼬들하도록 반건조한다.

3 물 2L에 소금 0.5kg을 섞고 잘 저어 소금물을 만든다. 염도계로 염도가 18% 이상 되도록 한다.

4 넉넉한 그릇을 준비해 반건조한 찹쌀밥에 소금물을 부어 6개월 이상 1차 발효를 한다.

5 1차 발효된 찹쌀밥 발효물에 분량의 메줏가루, 고춧가루, 조청을 넣고 골고루 섞어 준다.

6 혼합한 장을 항아리에 70~75% 정도 채우고 깨끗한 면보로 덮은 후 뚜껑을 닫아 6개월에서 8개월까지 발효시킨다.

7 한식간장을 고추장 위에 조금 부어두면 고추장의 표면이 말라 딱딱해지는 것을 막아준다.

대맥장의 tip

고추장을 8개월 이상 발효 시키면 고운 색의 고춧가루를 쓴 보람 없이 점점 짙은 색으로 변해 요리를 할 때 색이 예쁘지 않다.

더덕구이

더덕은 건강한 맛과 향에 식감까지 좋아 밑반찬이나 술안주로 인기가 높다.
살짝 데치기만 해서 고추장 양념장에 찍어 먹어도 맛있지만 매콤달콤하게 양념해
노릇하게 구워 따뜻한 밥에 올려 먹으면 더 맛있다.

재료(2~3인분)

깐더덕 180g, 부추 60g, 잣 3알
양념 맥찹쌀고추장 50g, 다진 마늘 6g, 고춧가루 2g, 맥조선간장 3g,
　　　 물엿 30g, 설탕 6g, 식용유 6g

재료 준비하기

1. 깐더덕을 밀대로 두드려 양념이 잘 밸 수 있도록 납작하게 만든다.
2. 접시에 담아낼 부추를 5cm 정도 길이로 썰어둔다.
3. 잣을 칼등으로 다져서 잣가루를 만든다.

만들기

1. 맥찹쌀고추장에 고춧가루, 다진 마늘, 맥조선간장을 섞는다.
2. 참기름과 설탕, 물엿으로 양념을 더한다.
3. 다진 더덕에 요리붓으로 양념을 골고루 발라준 후 30분간 재워 둔다.
4. 달궈진 프라이팬에 식용유를 두르고 불 조절을 하며 양면을 노릇하게 구워준다.
5. 썰어 놓은 부추 위에 구운 더덕을 올리고 잣가루를 뿌려 마무리한다.

tip 양념에 재워놓은 더덕은 수분기 때문에 구울 때 기름이 튀길 수 있다. 뚜껑을 반 쯤 덮어 붉은 기름이 튀는 것을 막아주면 좋다.

소고기 볶음 고추장

양배추 쌈과 잘 어울리는 요리이다. 따뜻한 밥에 슥슥 비벼만 먹어도 맛있다.
다진 마늘이 좀 넉넉하게 들어가도 좋고 볶은 통들깨는 맛뿐만 아니라
식감도 좋게 해주니 꼭 함께 넣어 요리해 보자.

재료(2~3인분)

다진 소고기 100g, 볶은통들깨 3g, 식용유 4g
양념 다진 마늘 15g, 맵찹쌀고추장 130g,
　　　맵조선간장 6g, 물엿 90g, 후추 한 꼬집

재료 준비하기

1. 기름기가 없는 소고기를 준비해 다져 놓는다.
2. 양념의 배합비가 중요하므로 물엿, 맵조선간장,
맵찹쌀고추장과 다진 마늘을 미리 계량하여 덜어 놓는다.

만들기

1. 달군 프라이팬에 식용유를 1큰술 두른다.
2. 다진 소고기와 다진 마늘을 같이 넣고 바싹 익을 때까지 볶는다.
3. 불을 약불로 줄이고 맵고추장을 넣고 맵조선간장으로
풍미와 간을 더하며 한번 더 볶는다.
4. 물엿을 넣어 단맛을 더해준다.
5. 통들깨를 섞어 마무리 한다.
6. 후추를 조금 추가해 매운 맛을 더해도 좋다.

tip 고추장 양념은 쉽게 타기 때문에 불조절이 중요하다. 고기를 바싹 익힌 후
불을 가장 약하게 줄여 요리해야 한다. 밥을 할 때 양배추 1/4 정도를 씻어 같이 넣고
쪄주면 번거롭지 않게 양배추 쌈을 즐길 수 있다.

오징어 볶음

오징어볶음은 빠른 시간내 볶아야 아삭한 채소와 쫄깃한 오징어의 맛을 제대로 볼 수 있다. 오징어를 너무 오래 볶으면 식감이 질겨 지고 수분이 많이 나와 맛이 없어지기 때문에 채소가 80% 정도 익었을 때 오징어를 넣고 재빠르게 볶아내야 한다.

재료(2~3인분)

오징어 200g, 양배추 120g, 양파 45g, 대파 20g, 홍고추 6g, 상추 2잎, 쪽파 한 줄기, 식용유 4g

양념 맥찹쌀고추장 50g, 다진 마늘 10g, 고춧가루 2g, 설탕 7g, 맥어간장 7g, 맥조선간장 28g, 맥매실청 12g

재료 준비하기

1. 오징어의 안쪽에 사선으로 칼집을 내고 먹기 좋은 크기로 자른다.
2. 양배추를 큼직하게 사각으로 썬다.
3. 양파는 채썰고, 대파와 홍고추는 어슷 썬다.
4. 쪽파를 송송 썰어 놓는다.
5. 맥찹쌀고추장, 고춧가루, 다진 마늘, 맥어간장, 맥조선간장, 맥매실청을 섞어 양념을 만들어 둔다.

만들기

1. 달군 프라이팬에 식용유를 1큰술 정도 넣는다.
2. 양배추와 양파를 먼저 넣고 볶다가 양념을 넣는다.
3. 오징어를 넣고 다시 볶는다.
4. 대파와 홍고추를 넣고 숨만 죽게 볶아 낸다.
5. 상추를 접시에 깔고 오징어볶음을 놓고 쪽파를 올려 준다.

— **tip** 오징어 안쪽에 사선으로 칼집을 넣으면 양념도 잘 배어 맛있고 모양도 예쁘지만 손이 많이 간다면 생략해도 된다.

닭불고기

닭불고기는 청송에서는 이미 유명한 메뉴인데 바삭하고 매콤하게 구우면 간식이나 술안주로 제격이다. 닭다리살이나 안심으로 요리하면 쫄깃하게, 닭가슴살로 요리하면 부드럽게 즐길 수 있다.

재료(2~3인분)

닭가슴살 300g, 잣 5알, 쪽파 한 줄기
양념 다진 마늘 8g, 다진 생강 4g, 설탕 21g, 후추 한꼬집, 고춧가루 4g, 맥찹쌀고추장 50g, 맥조선간장 8g, 맥매실청 14g, 맥참기름 8g, 식용유 12g

재료 준비하기

1. 닭가슴살을 다진다.
2. 마늘과 생강을 다진다.
3. 쪽파를 송송 썬다.
4. 잣을 칼등으로 다져서 잣가루를 만든다.

만들기

1. 다진 닭고기에 다진 마늘, 다진 생강, 설탕, 후추, 고춧가루, 맥찹쌀고추장, 맥조선간장, 맥매실청과 맥참기름을 넣고 버무려 10분간 재운다.
2. 달궈진 프라이팬에 식용유를 두르고 재워둔 양념 닭고기를 동그란 모양으로 덜어 얹어 준다.
3. 불을 줄인 후 뒤집기를 이용해 조금씩 눌러가며 모양을 만든다.
4. 잣가루와 쪽파를 올려 마무리 한다.

tip 생강 씹히는 식감이 거슬린다면 생강즙이나 생강술을 사용해도 좋다. 또한 바질 잎 2~3개를 다져 반죽에 같이 넣어 구우면 이국적이면서도 궁합이 좋은 요리를 맛볼 수 있다.

제육볶음

양념장에 된장을 조금 섞어주면 돼지고기 특유의 비린내를 없앨뿐 아니라
감칠맛도 높여줘 더 맛있는 제육볶음을 만들 수 있다.

재료(2~3인분)

돼지 앞다리살 300g, 양파 130g, 파 20g, 파채 25g

양념 맥된장 20g, 맥찹쌀고추장 50g, 다진 마늘 10g, 다진 생강 2g, 후추 한 꼬집, 참기름 4g, 맥조선간장 8g, 고춧가루 2g, 설탕 5g, 물엿 90g, 식용유 8g

재료 준비하기

1. 얇게 썰어 놓은 돼지 앞다리살을 먹기 좋은 크기로 자른다.
2. 양파를 도톰하게 채썬다.
3. 파는 절반은 큼직하게 어슷썰기 하고, 절반은 파채로 만들어 찬물에 담가둔다. 파채를 찬물에 담가두면 아린맛이 없어지고 아삭한 식감을 살릴 수 있다.
4. 맥된장, 맥찹쌀고추장, 다진 마늘, 다진 생강, 후추, 물엿, 고춧가루 맥조선간장을 넣어 양념장을 만든다.
5. 돼지고기에 양념장을 골고루 섞어 10분 이상 재어둔다.

만들기

1. 달군 프라이팬에 식용유를 한 큰술 정도 두른다.
2. 양파와 양념에 잰 돼지고기를 넣고 같이 볶아 준다.
3. 돼지고기가 적당하게 익으면 어슷 썬 파를 넣고 다시 볶아준다.
4. 접시에 담은 후 물기를 뺀 파채를 올린다.

tip 당근, 양배추, 버섯 등 다양한 부재료를 넣어도 좋지만 양파만 넣어 깔끔하게 볶아 내도 맛있다. 제육볶음에 파채를 넣으면 아삭한 맛을 더할 수 있다.

고추장 찌개

칼칼하면서도 달달한 고추장찌개는 원재료를 큼직큼직하게 썰어 자박할 때 까지 끓여 만드는 요리이다. 된장을 조금 넣어주면 구수한 맛까지 더해져 더 맛있다.

재료(2~3인분)

돼지고기 목살 150g, 애호박 120g, 양파 80g, 표고버섯 20g, 두부 150g, 대파 15g, 홍고추 6g
육수 물 600㎖, 무 60g, 멸치 6g, 다시마 6g
양념 맥찹쌀고추장 50g, 다진 마늘 11g, 다진 생강 2g, 설탕 12g, 식용유 4g, 맥된장 20g, 맥조선간장 7g

재료 준비하기

1. 맥찹쌀고추장, 맥된장, 맥조선간장, 다진 마늘, 다진 생강, 설탕을 넣어 양념장을 만든다.
2. 돼지고기를 두툼하게 먹기 편한 크기로 썬다.
3. 양파, 애호박, 버섯, 두부를 비슷한 크기로 큼직큼직하게 썰어 놓는다.
4. 대파와 홍고추를 어슷썰기 한다.

만들기

1. 달군 프라이팬에 식용유를 한 스푼 정도 두르고 돼지고기 목살을 볶는다.
2. 고기가 익으면 양념장을 섞는다.
3. 양파와 애호박, 버섯을 넣고 육수를 붓고 끓인다.
4. 두부를 넣고 맥조선간장으로 간을 한 후 3분 이상 더 끓여 준다.
6. 어슷썰기한 대파와 홍고추를 넣고 한소끔 더 끓인다.

___ **tip** 돼지고기를 후추로 살짝 양념해 놓았다가 사용하면 간이 배일뿐 아니라 돼지고기 냄새도 없앨 수 있다.

비빔장, 초장

밥이나 국수, 다양한 나물, 채소들을 올리고 비빔장으로 비벼보자.
영양도 풍부하고 매콤달콤한 맛으로 입맛도 잡을 수 있다.
넉넉하게 만들어 두었다가 필요할 때마다 꺼내서 비벼먹을 수 있는 만능장이다.

재료(2~3인분)

비빔장 맥찹쌀고추장 32g, 다진 마늘 5g, 설탕 4g, 맥조선간장 4g, 물엿 16g

초장 맥찹쌀고추장 30g, 다진 마늘 7g, 설탕 8g, 맥조선간장 3g, 맥솔잎식초 8g, 물엿 23g

비빔장 만들기

1. 비빔장의 재료들을 정확히 계량해 둔다.
2. 계량한 재료들을 골고루 섞는다.
3. 설탕과 물엿을 조금 남겨두고, 원하는 단맛의 정도를 조절하며 혼합한다.

초장 만들기

1. 초장의 재료를 정확히 계량해 둔다.
2. 1의 재료를 골고루 섞는다.
3. 설탕과 물엿을 조금 남겨두고, 원하는 단맛의 정도를 조절하며 혼합한다.

tip 설탕 대신 맥매실청이나 오미자청을 넣어도 맛있다.

명란 젓갈 양념장

고급 반찬으로 여겨지는 명란을 더 맛있게 먹는 방법으로 매콤한 고추장을 넣어 양념하면 색깔 뿐 아니라 맛도 좋다.

재료(2~3인분)

명란 80g, 대파 10g, 참깨 2g
양념 맥찹쌀고추장 5g, 다진 마늘 7g , 맥참기름 4g

재료 준비하기

1. 대파는 가능한 잘게 썰어 준다.
2. 명란을 숟가락으로 깨끗하게 긁어 내 모은다.

만들기

1. 모아 놓은 명란에 맥찹쌀고추장을 넣는다.
2. 1에 다진 마늘과 잘게 썰어 놓은 대파를 섞어준다.
3. 맥참기름과 참깨를 넣고 잘 저어준다.
4. 남은 참깨를 명란 위에 다시 한번 뿌려 준다.

닭 볶음탕

조리법이 복잡해 보이지만 양념의 비율만 잘 맞추면 근사한 요리가 된다.
닭고기뿐만 아니라 다양한 채소까지 맛있게 먹을 수 있고,
남은 국물에 밥을 비벼 남김없이 먹게 만드는 맛있는 요리다.

재료(2~3인분)

닭 800g, 양배추 200g, 당근 100g, 대파 30g, 감자 360g,
청고추 6g, 홍고추 6g, 물 800㎖

양념 맥찹쌀고추장 14g, 다진 마늘 20g, 다진 생강 5g, 후추 0.5g, 설탕 18g,
고춧가루 18g, 맥조선간장 40g, 물엿 30g

재료 준비하기

1 당근을 1.5~2cm 크기와 두께로 도톰하게 썬다.
2 양배추를 당근 크기로 큼직하게 썰어 놓는다.
3 감자는 껍질을 벗기고 큰 감자는 반으로 잘라
   설탕을 조금 넣은 물에 담가 갈변을 방지한다.
4 대파, 청고추, 홍고추를 어슷 썬다.
5 닭은 양념이 잘 밸 수 있게 조금 깊숙이 칼집을 내어 놓는다.
6 맥찹쌀고추장, 다진 마늘, 다진 생강, 후추, 설탕, 고춧가루,
   맥조선간장과 물엿을 넣고 양념을 만든다.

만들기

1 냄비에 닭을 넣고 잠길 정도의 물을 붓고 5분 정도 끓인다.
2 1의 닭을 찬물에 헹궈 핏물과 잡내 그리고 기름기를 제거한다.
3 깊은 냄비에 감자와 당근, 양배추, 양파를 깔고 닭을 얹은 후
   준비된 양념을 넣고 800㎖ 물을 붓는다.
4 감자와 닭고기가 다 익을 때까지 20분 이상 끓여 준다.
5 홍고추와 청고추, 대파를 넣고 1분 정도 끓인다.

___ **tip** 감자 대신 고구마를 넣어도 맛있다. 매운맛을 좋아하면 청양고추를 넣어줘도 좋다.

맥청국장

청국장은 콩의 영양소를 온전히 섭취할 수 있는 음식이지만 과발효가 되면 좋은 영양소들이 사라지고 구수한 냄새는 쿰쿰한 암모니아 냄새로 변하고 맛은 시큼해진다. 최적의 발효시간을 찾는 것이 청국장의 핵심이다.

알알이 살아있는 국내산 햇콩, 구수한 맛의 청국장

청국장은 콩이 발효하면서 생성되는 좋은 성분을 된장보다 오히려 더 많이 섭취할 수 있는데다 빨리 만들어 먹을 수 있는 대신 발효와 보관이 예민하고 까다롭다. 몇 시간만 더 띄워도 구수한 냄새는 쿰쿰한 암모니아 냄새로 변하기 쉽고 냉장고에 보관할 때도 다른 장보다 빨리 시큼해진다. 콩의 종류, 삶는 정도, 띄우는 온도, 습도, 시간이 조금만 틀어져도 맛이 확연히 차이가 난다. 늦가을 쌀쌀한 바람이 불면 생각나는 계절을 타는 장이라는 점도 독특하다.

청국장은 삶은 콩에 아무것도 첨가하지 않아도 콩 자체에서 특유의 구수한 단맛이 우러나는 특별한 장이다. 최근에는 건강에 대한 관심이 높아지면서 간장, 고추장 보다 더 큰 관심을 끌며 인정받고 있는 모양새다.

한국맥꾸룸의 청국장 역시 백화점에서 인기가 높아졌다.

청국장은 좋은 메주콩을 골라서 깨끗이 씻어 불린 후 푹 삶아서 따뜻한 곳에서 2~3일 정도 자연 발효시킨다. 그러면 바실러스균이 콩의 발효를 촉진해 하얗고 끈끈한 실이 나오면서 부드러운 냄새와 구수한 맛을 최대로 얻을 수 있다. 콩을 삶을 때는 손끝으로 비볐을 때 뭉그러질 만큼 푹 삶아야 한다. 메주를 만드는 콩보다 30분은 더 삶아야 한다. 덜 삶으면 발효가 잘 되지 않고, 과발효가 되면 냄새가 강해지고 시큼한 맛이 난다. 어차피 끓여먹는 음식이니 과발효를 신경쓸 것이 없다는 사람도 있지만 음식이 풍부해진 요즘 구태여 냄새 강하고 시큼한 맛이 나는 청국장을 먹을 사람은 드물 것이다. 집에서 가족끼리 먹는 청국장을 띄울 때는 어렵게 생각하지 않았는데 대량으로 만들면서부터 다른 장에 비해 청국장이 더 어렵게 느껴졌다. 발효와 관리 때문이다.

청국장은 찌개로 끓여서 먹는 경우도 많지만 생청국장 그대로 먹을 때 훨씬 더 좋은 성분들을 몸이 흡수할 수 있다. 생청국장은 상온이나 냉장보관할 때 계속 발효가 진행되고 그에 따라 냄새 역시 점점 더 강해지기 때문에 발효만큼이나 보관관리가 까다롭다. 그래서 생청국장은 만들어서 바로 진공포장해 냉동보관하거나 청국장에 간장, 멸치, 새우, 마늘 등으로 밑간을 해서 양념청국장으로 만들어 사용하기 편리하게 만들어 놓는다.

어떤 방법이든 청국장 특유의 냄새가 완전히 사라지지는 않지만 지독하게 거슬릴 정도는 아니다. 그냥 먹거나 가열해 먹으면 콩의 구수함과 부드럽게 씹히는 식감이 매력적인 음식이다.

청국장 만들기

재료

대두(메주콩) 2㎏
물 10L
천일염

만들기

1. 메주콩을 깨끗이 씻어 콩이 잠길 정도로 찬물을 붓고 12시간 정도 불려 넉넉한 크기의 솥에 넣고 센 불에서 2시간 중간불에서 2시간 동안 푹 삶고 2시간 정도 뜸을 들인다.

2. 뜨거운 콩을 콩 크기보다 작은 구멍이 뚫린 트레이에 4~5㎝ 두께로 넓게 펼친다.

3. 건조해지지 않도록 보자기로 폭 싸서 습도를 유지하며 40℃ 정도의 온도에서 36시간동안 그대로 두어 발효시킨다.

4. 청국장 콩이 찐득찐득하게 진이 만들어지고 손으로 만졌을 때 미끈미끈하면서 구수한 냄새가 나면 발효가 잘 된 것이다. 과발효가 되면 쿰쿰한 냄새가 나기 시작하니 주의한다.

5. 발효된 청국장에 천일염을 2% 이하로 섞는다. 요리를 할 때 된장과 국간장으로 간을 맞추기 때문에 2% 이상은 넣지 않는 것이 좋다.

대맥장의 tip

콩을 트레이에 펼칠 때는 콩이 서로 뭉치지 않게 손으로 흩어 주며 삶은 콩들의 공간 간격을 유지시킨다.

해물 청국장 찌개

신선하고 푸짐한 해물과 채소를 넣은 청국장찌개는 해물에서 우러난 시원한 국물맛과 구수한 청국장이 어울려 해장으로도 제격이다. 새우와 조개를 넉넉하게 넣어 푸짐하게 즐겨 보자.

재료(2~3인분)

맥청국장 180g, 양파 40g, 바지락 100g, 오징어 100g, 새우 60g, 두부 150g, 파 15g, 홍고추 6g, 다진마늘 5g
육수 물 600㎖, 무 60g, 멸치 6g, 다시마 6g
양념 맥된장 10g, 멸치가루 1g, 새우가루 1g, 고춧가루 2g

재료 준비하기

1. 무, 멸치, 다시마를 넣고 육수를 만든다. 찬 물에 무와 멸치를 넣고 10분간 센불로 끓인 후 씻은 다시마를 넣어 5분간 더 끓여 준다.
2. 바지락을 소금 물에 넣고 30분간 해감한다.
3. 새우는 깨끗하게 씻고, 오징어는 먹기좋은 크기로 자른다.
4. 두부를 조금 큼직하지만 먹기 좋은 크기로 자른다.
5. 양파는 사각 썰기 한다.

만들기

1. 뚝배기에 육수를 붓고 불을 켠다.
2. 육수가 끓으면 된장으로 슴슴하게 간을 해 놓는다.
3. 양파를 넣은 후 새우, 오징어, 바지락을 넣고 끓인다.
4. 청국장을 부서뜨려 넣고 멸치가루, 새우가루, 다진마늘, 고춧가루를 푼다.
5. 두부를 넣고 잠깐 끓인 후 홍고추와 파를 넣고 잠시 있다 불을 끈다.

tip 청국장은 심심하게 먹어도 맛있지만 맥된장 또는 맥조선간장으로 적당하게 간을 하면 감칠맛이 올라간다. 좀 더 구수한 맛을 원한다면 된장을, 감칠맛을 더 올리고 싶다면 맥조선간장을 추천하다.

돼지고기 김치 청국장 찌개

청국장의 계절은 아무래도 추운 겨울일 것이다. 도톰하게 자른 돼지고기와 잘 익은 김치, 부드러운 두부를 듬뿍 넣고 끓여낸 돼지고기 김치청국장찌개를 밥에 슥슥 비벼 먹으면 다른 반찬이 필요 없는 밥도둑이 된다.

재료(2~3인분)

맥청국장 180g, 김치 80g, 돼지고기 80g, 양파 45g, 두부 150g, 청양고추 6g, 홍고추 6g, 대파 15g
육수 물 600㎖, 무 60g, 멸치 6g, 다시마 6g
양념 식용유 2g, 멸치가루 1g, 새우가루 1g

재료 준비하기

1. 무, 멸치, 다시마를 넣고 육수를 만든다. 찬 물에 무와 멸치를 넣고 10분간 센불로 끓인 후 씻은 다시마를 넣어 5분간 더 끓여 준다.
2. 묵은 김치를 송송 썰어 둔다.
3. 양파를 사각 썰기 하고 두부는 큼직하면서 먹기 편하게 썰어 둔다.
4. 대파와 청양고추, 홍고추를 송송 썰어 둔다.

만들기

1. 달군 뚝배기에 식용유를 두르고 돼지고기를 볶아 준다.
2. 1에 양파와 김치를 넣고 다시 한번 볶은 후 육수를 부어 준다.
3. 찌개가 끓어오르면 두부를 넣은 후 맥청국장을 푼다.
4. 맥조선간장으로 간을 한다.
5. 송송 썬 청양고추, 홍고추, 대파를 넣고 한소끔 끓인 후 마무리 한다.

tip 청국장은 적정시간 이상 끓이면 쓴맛이 올라온다. 맥청국장을 넣고 3분 이상은 끓이지 말아야 하는 이유다. 된장국은 두번 세번 데워 먹을수록 구수한 맛이 진해지지만 청국장은 데울수록 쓴맛이 나니 한번에 먹을 양만큼씩 요리하길 권한다.

얼갈이 청국장 찌개

청국장은 기본적으로 쓴맛을 가지고 있는 장이다. 그래서 시원하고 달달한 얼갈이 배추와 잘 어울린다. 짭짜름하면서도 구수하고 시원한 얼갈이 청국장은 사계절 내내 어느 반찬과도 함께 내기에 좋다.

재료(2~3인분)	맥청국장 180g, 데친 얼갈이배추 100g, 무 50g, 양파 40g, 버섯 20g, 두부 150g, 대파 15g, 홍고추 6g, 청양고추 6g
	육수 물 600㎖, 무 60g, 멸치 6g, 다시마 6g
	양념 다진 마늘 5g, 멸치가루 1g, 새우가루 1g, 고춧가루 2g, 맥조선간장 7g

재료 준비하기

1. 찬물에 무, 멸치를 넣고 센 불에서 10분간 끓이고 다시마를 넣어 10분간 더 끓여 육수를 만들어 둔다. 다시티백을 사용해도 된다.
2. 얼갈이 배추를 다듬어 끓는 물에 소금을 넣고 살짝 데쳐 찬물에 헹구어 놓는다.
3. 데친 얼갈이 배추를 먹기 좋은 크기로 썰고 무는 얇게 사각 썰기한다.
4. 양파와 버섯을 먹기 좋게 채 썬다.
5. 두부는 큼직하면서 먹기 편하게 자른다.
6. 대파와 청양고추, 홍고추를 송송 썰어 둔다.

얼갈이 배추 데치기

1. 얼갈이 배추를 손질해 먹기 좋은 크기로 자른다.
2. 냄비에 물을 붓고 굵은 소금을 반 큰술 풀어 끓인다.
3. 준비된 얼갈이 배추를 30초 정도 끓는 물에 데쳐 찬물에 살짝 헹군다.
4. 데친 얼갈이 배추는 물기를 짜지 않고 소분하여 냉동실에 보관하고 필요할 때마다 꺼내 사용한다.

만들기

1. 냄비에 육수를 넣고 무와 데친 얼갈이와 양파를 넣고 끓인다.
2. 무가 익으면 청국장을 풀어 놓고 멸치가루와 새우가루, 다진 마늘을 넣고 끓인다.
3. 버섯, 두부, 대파, 청양고추, 홍고추를 넣고 한소끔 끓인 후 불을 끈다.

tip 얼갈이 배추를 데치면 쓴맛과 풋내는 사라지고 아삭한 식감과 달고 시원한 맛만 남는다.

청국장 청양고추 달걀전

청양고추를 넣으면 매콤한 맛을 즐길 수 있다. 채소는 너무 잘게 다지지 않아야 색감과 식감을 느낄 수 있다. 매운맛을 싫어하면 청양고추 대신 오이고추를 사용한다.

재료(2~3인분)

맥청국장 100g, 새우 50g, 계란 60g, 표고버섯 20g, 부추 30g, 청양고추 6g, 홍고추 6g, 전분 5g, 식용유 10g

재료 준비하기

1. 새우 살을 다진다.
2. 표고버섯과 부추를 다진다.
3. 청양고추와 홍고추를 다진다

만들기

1. 다진 새우살과 표고 버섯, 청양고추, 홍고추, 부추를 넣어 준다.
2. 맥청국장, 감자 전분을 넣고 계란을 깨서 넣은 후 잘 섞어 준다.
3. 달군 팬에 식용유를 두른다.
4. 숟가락으로 먹기 편한 크기로 떠 동그란 모양을 만들어 주며 부친다.

___ **tip** 팬이 적당하게 달궈진 상태에서 식용유를 넉넉하게 붓고 전의 한쪽 면이 충분히 익을 정도로 부친 다음 뒤집어야 모양이 예쁘게 만들어 진다.

소고기 청국 된장찌개

된장찌개에 청국장을 조금 넣으면 시골집 된장 맛이 나듯이 청국장찌개에 된장으로 간을 하면 간장으로 간을 할 때 보다 조금 더 묵직한 맛이 난다.

재료(2~3인분)

맥청국장 180g, 소고기 양지 150g, 두부 150g, 양파 40g, 무 50g, 표고버섯 20g, 애호박 50g, 홍고추 6g, 대파 15g

육수 물 600㎖, 무 60g, 멸치 6g, 다시마 6g

양념 고춧가루 2g, 멸치가루 1g, 새우가루 1g, 식용유 2g, 다진 마늘 5g

재료 준비하기

1. 찬 물에 무와 멸치를 넣고 10분간 센불로 끓인 후 씻은 다시마를 넣어 5분간 더 끓여 준다.
2. 소고기 양지를 먹기 좋은 크기로 자른다.
3. 무는 납작하게 사각 썰기 하고 애호박은 반달 모양으로 납작하게 썬다.
4. 표고버섯은 도톰한 모양 그대로 하나씩 4등분하여 썰어 둔다.
5. 두부는 큼직하면서 먹기 편하게 썰어 둔다.
6. 대파와 홍고추를 송송 썰어 둔다.

만들기

1. 뚝배기에 식용유를 두르고 소고기 양지, 다진 마늘을 함께 볶아 준다.
2. 무, 표고 버섯, 애호박을 넣고 육수를 부어 센불에서 끓인다.
3. 청국장을 넣고 멸치가루와 새우 가루를 풀어 준다.
4. 두부를 넣고 송송 썰어둔 대파와 홍고추를 넣고 한소끔 더 끓여 준다.

tip 청국된장찌개는 육수를 적게 넣고 끓이는 시간을 짧게 하여 조금 빡빡하게 요리해야 맛있다. 이 때 청국장 180g 기준으로 육수의 양은 종이컵으로 2컵 정도인 340㎖ 면 충분하다.

대맥장

대맥장은 5월 말이나 6월 초쯤 담가 한달 정도 숙성해서 전년도에 담근 장이 떨어질 때쯤 먹는 별미 속성장이다. 검은 빛깔과 새콤짭쪼름하고 구수한 맛으로 익히지 않고 생으로 먹을 수 있어 소스로 활용도가 높지만, 일반인들에겐 낯선 장이다.

검은콩과 햇보리로 만드는 여름장
대맥장

대맥장은 시어머니의 기억과 문헌고증, 나와 딸의 꾸준한 연구를 통해 재현해 완성한 장이다. 시어머니는 안동 김씨 사대부가의 딸이다. 식객이 수시로 드나들던 양반가로 햇보리를 수확하는 5월 말에서 6월 초 즈음에 담가 작년에 담근 장은 떨어지고 정월에 담근 장은 아직 익기 전인 여름에 먹는 별미 속성장이다.

대맥장(大麥醬)은 이름처럼 보리장이란 의미지만, 음의 기운을 띠는 검은콩과 여름의 기운을 담아 양의 기운을 띠는 보리쌀을 반반씩 넣어 음양의 조화가 뛰어난 음식이다. 제조법 역시 신선하다.

검은콩을 타닥타닥 소리가 날 때까지 볶아서 삶고 절구에 찧고 보릿가루를 섞어 치대서 작고 둥글납작하게 메주를 빚고, 닥나무 잎에 일일이 정성스럽게 싸서 3~4일 정도 햇볕을 피해 바람이 잘 통하는 그늘에서 발효시키면 닥나무잎은 바삭하게 마르고 안에는 뽀얗게 하얀 곰팡이가 핀다. 메주를 덮은 닥나무잎을 털어내듯 떼내고 항아리에 차곡차곡 담고 소금물을 부어 한달 정도 숙성시키면 무침장이나 비빔장으로 바로 먹을 수 있다. 끓이지 않고 먹는 장이라 여름장으로 손색이 없다.

대맥장은 특히 콩을 볶아서 삶는 것과 청송의 한지장이 키우는 닥나무 잎을 사용한다. 콩을 볶아서 삶으면 거품이 끓어오르지 않고 익는 시간도 짧아진다.

청송에 많이 자라는 닥나무 잎이 메주를 감싸기에 적당한 크기로 자라는 시기와 햇보리쌀이 수확하는 시기가 잘 맞아 떨어지는 것 역시 신기하다. 닥나무잎은 가을이 되면 벌레가 먹어 잎사귀에 구멍이 난다. 대맥장을 담을 때가 닥나무 잎이 가장 부드럽고 깨끗한 시기다.

메주를 작게 빚고 염도를 16~17%로 낮춰 발효와 숙성의 전 과정이 한달 정도로 짧다. 일반 된장처럼 간장을 떠내지 않기 때문에 염도를 낮춰야 간이 맞다. 또한 검은콩을 사용하기 때문에 색이 진하고 구수한 콩과 보리의 단맛이 발효되면서 새콤하고 짭쪼름하고 구수한 오묘한 맛으로 변하는 것이 특징이다. 국이나 찌개 등으로 끓여서 먹어도 되지만 열을 가하지 않고 생장으로 먹을 수 있기 때문에 참기름과 맥매실청 등 다양한 재료를 섞어 특별한 소스로 즐길 수 있다.

스시 오마카세나 한우 오마카세의 소스로 제격인 이유가 여기에 있다. 아쉽게도 과정이 모두 수제이기 때문에 대량 상품화에는 어려움이 있다.

대맥장 만들기

재료
검은콩 3.5 kg
보리쌀 1.7 kg
닥나무 잎

소금물
소금 0.7 kg : 물 2.4 L

만들기

1 깨끗한 닥나무 잎을 따서 씻고,
검은콩은 흐르는 물에 씻은 후 체에 받쳐 물기를 제거한다.

2 달궈진 솥에 검은콩을 넣고 타닥타닥 소리가 날 때까지
볶은 후 물을 부어 삶아준다.

3 삶은 콩은 으깨어 준비하고 콩 삶은 물은 버리지 말고
따로 보관해 둔다.

4 보리쌀을 찧어 체에 쳐서 삶아 익힌 콩과 1:1 비율로 섞고
남겨두었던 콩 삶은 물을 부어 주먹만한 크기로
둥글납작하게 메주를 빚는다.

5 메주를 찜솥에 넣고 젓가락을 넣었을 때 쫀쫀한 떡을 찌르는
느낌이 날때까지 쪄준다.

6 잘 쪄진 메주를 식혀 닥나무 잎 2~3개로 폭 싸서
채반에 놓고 광주리로 덮어 바람이 잘 통하는 그늘에서
3~4일간 발효 시킨다. 닥나무잎이 마르고
뽀얗게 곰팡이가 피도록 둔다.

7 닥나무 잎을 떼어낸 메주를 항아리에 차곡차곡 쌓는다.

8 천일염을 물에 타서 염도계로 17%를 맞춘 염수를
메주가 잠길 듯 말 듯 부어준 후 한달 정도 숙성한다.

대맥장 쌈장

대맥장은 검은콩과 보리쌀로 만든 전통 장이다. 맛이 조금 생소하긴 하지만 된장과 비슷한 감칠맛에 고소한 맛이 더 강해서 쌈장으로 잘 어울린다.

재료(2~3인분) 대맥장 60g, 다진 마늘 7g, 물엿 20g, 맥참기름 4g, 참깨 2g

재료 준비하기
1. 대맥장쌈장에 들어갈 양념을 대맥장과 함께 정확하게 계량한다.
2. 알배추는 한 장씩 뜯어 씻어 준다.
3. 당근은 길쭉하게 썰어 막대기 모양으로 썰어 놓는다.
4. 오이 고추를 씻어 준비한다.

만들기
1. 대맥장에 다진 마늘과 참깨, 물엿, 맥참기름을 순서와 상관 없이 넣어 섞어준다.
2. 그릇에 담고 통깨를 올린다.
3. 알배추, 해조류쌈 등 쌈종류와 함께 낸다.

__ **tip** 생선회나 구운 고기, 일반 쌈 등에 모두 잘 어울리는 소스다

에필로그

우리 집은 김치 담글 때를 제외하고 소금을 쓰는 일이 없다. 그러니 집에는 김치 담글 때 쓰는 왕소금 이외에 다른 소금은 없다.

모든 음식은 한식간장으로 간을 한다. 장 만드는 집이니 당연한 일상인데 요리 공부를 할 때는 어려움을 겪기도 했다. 조리사 자격증을 딸 때도 그랬고, 마흔 넘어서 다녀온 영국의 요리학교에서도 그랬다. 대부분의 레시피가 한식간장이 아니라 입자의 크기가 다양한 소금으로 간을 맞춰야 했기 때문이다. 한식간장에 익숙한 나의 미각이 소금의 염도에 익숙해지기까지 여러 번의 시행착오를 거쳐야 했던 것 역시 당연했다.

시간이 지나면서 나는 조금씩 우리 장과 콜라보 할 수 있는 요리를 찾기 시작했고, 원재료를 하나하나 확인하는가 하면 우리 장과의 어울림을 고민하게 됐다. 그리고 깨달은 것은 우리의 양념이 그 어떤 재료와도 참 잘 어울린다는 것이다.

동서양의 향신료, 소스들과 우리의 장은 오랜 친구처럼 막역하게 어울린다. 바질페스토와 된장의 조합이 그렇고, 바닐라향과 된장이 역시 그렇다. 된장을 가미한 바닐라향 아이스크림을 맛 본 사람들은 그 낯선 조합이 만들어 낸 낯설지 않은 부드러움에 놀라움을 감추지 못한다. 청국장을 넣은 쿠키도 마찬가지다. 버터향과 청국장의 조합이 그렇게 잘 어울릴 수가 없다. 고추장과 바질잎의 조화는 또 어떤가. 한식간장을 가미한 올리브 오일 파스타의 맛있는 향과 매끈한 감칠 맛 역시 더할 나위가 없다.

요즈음의 나는 장을 만드는 일보다 장과 다른 재료들과 어울림을 발견하고 새로운 조합을 만들어 내는 일에 열중하고 있다. 우리 장의 영역을 조금 더 넓혀보고자 하는 나름의 노력인데 그 결과를 경험하면서 더욱 강렬한 흥미를 느끼고 있다. 우리의 장이 글로벌 입맛을 어우르며 한국의 맛을 새롭게 재탄생시킬 수 있기를 바라면서 말이다.

영국에 있을 때, 미쉐린 스타를 받은 레스토랑에서 한국 셰프가 김치볶음밥과 에그 베네딕트, 트러플 슬라이스를 콜라보 한 것을 보고 장 담그는 집 딸이 이 먼 곳까지 온 이유를 깨닫기도 했다.

엄마는 정말 가까이 있었지만 항상 바빴다. 장을 만드는 것이 호락호락한 작업이 아니었기에 한번도 편히 쉬는 것을 본 적이 없다. 그래서 나에게 장 만드는 일을 처음부터 끝까지 체계적으로 가르쳐 준다는 것을 기대할 수 없었다. 그저 모든 과정에서 엄마를 도우며 어깨너머로 하나하나 배워가는 동안 전수자란 명칭이 내 이름 뒤에 붙었고, 그 이름이 부끄럽지 않게 더 열심히 장 만드는 과정을 밟아가는 중이다.

엄마이자 스승께서 책을 쓴다는 결정을 하고 세부적인 과정을 진행하면서 장에 대한 모든 것이 좀 더 명확하고 확실한 개념으로 정립되어 갔다. 무엇보다 큰 성과는 자료를 취합하고 엄마의 속 깊은 이야기를 글로 옮기면서 엄마가 오랜 시간 공들여 이어온 우리 장의 역사를 이해하고 나의 근원을 진지하게 되돌아 보는 기회가 됐다는 점이다.

'콩 심은 곳에 콩 나고 팥 심은 곳에 팥 난다'는 말이 있다. 나는 부모님이 심어 놓은 대로, 그 분들이 살아 온 대로 배우며 살아온 것 같다. 장을 이어가는 전수자이며 묵묵하고 성실하게 살아온 부모님의 삶을 이어가는 딸이라는 두 개의 칭호는 나에게는 더할 수 없이 소중한 자부심이다. 30년 넘게 장 하나만을 바라보는 부모님의 삶은 언제나 묵직한 존경심으로 다가온다. 어렵고 고단한 과정을 온전히 이겨낸 시간 너머엔 누구라도 인정할 수밖에 없는 경지가 남아있다. 그런 부모님의 모습을 옆에서 보고 자란 나는 오늘도 성실함과 함께 기다릴 줄 아는 지혜를 배운다. 부모님의 기대만큼은 아니어도 나는 제자리에 머물지 않고 한 발자국씩 앞으로 나아가는 전수자가 되기 위해 노력한다.

어머니, 아버지 감사하고 사랑하고 존경합니다.

마지막으로, 첫 책을 펴내며 부족하면서도 잘 해야겠다는 욕심과 다른 한편으로 주저함이 많았다. 그래서 바쁘다는 핑계로 늦은 답변과 확인에도 항상 기다려 주신 월간식당 직원들, 귀한 시간을 쪼개어 도움을 주신 박형희 대표님께 감사의 인사를 전한다.

2023년 10월
청송 송주원에서 권혜나

찾아보기
INDEX

ㄱ

갈비살감자된장찌개	113
감자탕	115
고추장찌개	167
곰팡이 꽃	26
국제식품박람회	50
꽃게된장찌개	106

ㄴ

냉이된장찌개	109

ㄷ

닭볶음탕	173
닭불고기	163
대맥장	188
대맥장쌈장	193
더덕구이	157
도라지오이무침	137
돼지고기김치청국장찌개	181

된장볶음면	117
된장수육	121
된장스테이크	119

ㅁ

맛된장	123
맥간장	124
맥간장 만들기	129
맥된장	100
맥된장 만들기	105
맥찹쌀고추장	152
맥찹쌀고추장만들기	155
메주 만들기	104
맥청국장	174
명란젓갈양념장	171
무말랭이무침	151

ㅂ

비빔장	169

ㅅ

새우마늘쫑볶음	139
소고기무국	147
소고기볶음고추장	159
소고기청국된장찌개	187
소불고기	143
송주원	80
시래기된장찌개	110
식품명인	44

ㅇ

얼갈이청국장찌개	182
여름장	189
오이미역냉국	149
오징어볶음	161
육개장	140

ㅈ

장항아리 하우스	78
전복미역국	135

전통 장	50
제육볶음	165
맥찹쌀고추장	152

ㅊ

청국장 만들기	177
청국장청양고추달걀전	185
청양고추깻잎절임	133
초장	169

ㅋ

콩나물무침	131

ㅎ

한국맥꾸룸	50
해물청국장찌개	179
황태콩나물국	145

성명례 대맥장의 우리 장 이야기

전통의 맥을 잇다

초판1쇄 발행 2023년 11월 3일

지 은 이 | 성명례·권혜나
주　　소 | 경상북도 청송군 파천면 증평병부길 167-26
전　　화 | 080-425-1472
웹사이트 | www.mcgguroom.com
YouTube | www.youtube.com/@user-sq6ed9so4d
지　　원 | Good & Best

펴 낸 곳 | 한국외식정보(주)
사　　진 | 메인스튜디오
주　　소 | 서울특별시 송파구 중대로 174(가락동) 현대파크빌
전　　화 | 02-443-4363
웹사이트 | www.foodbank.co.kr

등　　록 | 1997년12월 1일
I S B N | 978-89-87931-65-4 13590
정　　가 | 32,000원

Published by Korea Food Service Information, Co.Ltd. Printed in Korea
Copyright © 2023 한국맥꾸룸 & 한국외식정보(주)
이 책의 저작권은 한국맥꾸룸에 있습니다.
저작권법에 의해 보호를 받는 저작물이므로 무단 복제 및 무단 전재를 금합니다.